Eugen Cnyrim

Sprichwörter, sprichwörtliche Redensarten und Sentenzen

bei den provenzalischen Lyrikern

Eugen Cnyrim

Sprichwörter, sprichwörtliche Redensarten und Sentenzen
bei den provenzalischen Lyrikern

ISBN/EAN: 9783743648876

Hergestellt in Europa, USA, Kanada, Australien, Japan

Cover: Foto ©Thomas Meinert / pixelio.de

Weitere Bücher finden Sie auf **www.hansebooks.com**

AUSGABEN UND ABHANDLUNGEN
AUS DEM GEBIETE DER
ROMANISCHEN PHILOLOGIE.
VERÖFFENTLICHT VON E. STENGEL.
LXXI.

SPRICHWÖRTER,
SPRICHWÖRTLICHE REDENSARTEN UND SENTENZEN
BEI DEN PROVENZALISCHEN LYRIKERN.

VON

EUGEN CNYRIM.

MARBURG.
N. G. ELWERT'SCHE VERLAGSBUCHHANDLUNG.
1888.

Herrn

Professor Dr. Edmund Stengel

in dankbarer Verehrung

gewidmet.

Vorwort.

Dem Thema, von dem hier gehandelt werden soll, ist, soviel mir bekannt, bisher noch Niemand nachgegangen, wohl aber ist es von Bartsch (Grundriss zur Geschichte der provenzalischen Litteratur § 36) als dankenswerthe Aufgabe bezeichnet worden, wenn dies einmal geschehen würde. Es möge daher entschuldigt sein, wenn ein Jüngerer sich dieser aus mehreren Gründen ziemlich schwierigen Arbeit unterfängt und die Sprichwörter und Sentenzen, die bei den altprovenzalischen Lyrikern begegnen, zu sammeln und zu behandeln versucht. Es haben so ziemlich alle in Bartsch Grundriss aufgeführten Gedichte Berücksichtigung finden können. Die Copien der unedierten Texte hatte Herr Professor Stengel die Güte mir zur Benutzung zu überlassen. Ausnahmsweise nur sind auch Sprichwörter aus der Epik eingereiht, z. B. diejenigen, welche in Raynouard's Lexique Roman citiert sind, sowie diejenigen, welche Hermanni in seiner Arbeit über Flamenca aus diesem Gedichte ausgezogen hatte.

Im allgemeinen gebe ich bei den citierten Sprichwörtern den Text der darunter angegebenen Quelle wieder. Etwaige Interpretationen sind in einer hinzugefügten Anmerkung gerechtfertigt.

Im weiteren Sinne reiht sich vorliegende Arbeit an diejenigen von E. Ebert und A. Kadler über die altfranzösischen Sprichwörter an.

Abkürzungen.

A. A. : Ausgaben und Abhandlungen aus dem Gebiete der romanischen Philologie. Hrsg. v. Stengel.
A. Dan. : Arnaut Daniel.
A. d. E. : Amanieu des Escas.
A. de B. : Aimeric de Belenoy.
A. de Mar. : Arnaut de Maroill.
A. de Peg. : Aimeric de Peguilan.
A. d. Sest. : Albert de Sestaro.
Ad. de R. : Ademar de Rocaficha.
Almuc de C. : Almuc de Castelnou.
An. : Anonym.
Appel : Der Trobador Peire Rogier, hrsg. v. Carl Appel, Berlin 1882.
Arch. : Archiv für das Studium der neueren Sprachen und Litteraturen, hrsg. v. L. Herrig.
Aug. Nov. : Augier Novella.
Azaïs : Les Troubadours de Béziers par Azaïs, 2e édition.
Az. de P. : Azalais de Porcaraiguas.
B. Carb. : Bertran Carbonel.
B. d'Alam. : Bertran d'Alamano.
B. de B. : Bertran de Born, hrsg. v. Albert Stimming, Halle 1879.
B. de Prad. : Bernart de Pradas.
B. de Vent. : Bernart de Ventadorn.
Brev. : Breviari d'amor de Matfre Ermengau p. p. G. Azaïs.
c. : cobla.
Cad. : Cadenet.
Canello : Arnaldo Daniello par U. A. Canello, Halle 1883.
Cerc. : Cercalmon.
Chr. : Chrestomathie provençale par K. Bartsch, 4e édition.
D. de Prad. : Daude de Pradas.
Dkm. : Denkmäler der provenzalischen Litteratur, hrsg. v. K. Bartsch.
E. Cair.: Elias Cairels.
E. de Barj. : Elias de Barjols.
F. de Mars. : Folquet de Marseill.
F. de Rom. : Folquet de Romans.
Flam. : Flamenca, publié par P. Meyer, Paris 1865.
G. Ad. : Guillem Ademar.
G. Aug. : Guillem Augier.
Gav. : Gavauda.
G de Berg. : Guillem de Bergueda.
G. de Born. : Guiraut de Borneill.

G. de Cab. : Guillem de Cabestainh.
G. de Cerv. : Guillem de Cerveira.
G. del Ol. : Guiraut del Olivier.
G. de Mont. : Guillem de Montaignagout.
G. de Poic. : Gausbert de Poicibot.
G. de S. L. : Guillem de Saint-Leidier.
G. Faid. : Gaucelm Faidit.
G. Fig. : Guillem Figueira.
Gll. IX. : Guillem IX., Graf von Poitou.
Gr. de Cal. : Guiraut de Calanso.
Gr. de S. : Guiraut de Salignac.
G. Riq. : Guiraut Riquier.
Hs. : Handschrift. Die Benennungen derselben sind nach Bartsch.
Jahrb. : Jahrbuch für rom. u. engl. Literatur, hrsg. v. Dr. A. Ebert. Berlin.
J. Rud. : Jaufre Rudel.
Lamb. de B. : Lamberti de Bonanel.
L. Cig. : Lanfranc Cigala.
Lévy 1) : B. Zorzi ed. v. E. Levy. Halle 1883.
    2) : Le Troubadour P. de Marseill, Paris 1882.
    3) : Gll. Figueira, Dissertation, Berlin 1880.
L. R. : Lexique Roman par M. Raynouard. (Wenn ohne Angabe des Bandes citiert ist der I. Bd. gemeint).
L. u. W. : Diez, Leben und Werke der Troubadours, Zwickau 1829.
Marc. : Macabrus.
Matfre E. : Matfre Ermengau.
M. B. : Mahn, Biographien der Troubadours.
M. de M. : Moine de Montaudon.
Meyer : P. Meyer, les derniers troubadours de la Provence.
M. G. : Gedichte der Troubadours, hrsg. v. C. A. F. Mahn.
Milá : De los trovadores en España par D. Manuel Milá y Fontanals.
Muss. : Mussafia, Del codice Estense di rime provenzali.
M. W. : Die Werke der Troubadours, hrsg. v. C. A. F. Mahn.
Paul L. de P. : Paul Lanfrank de Pistoja.
P. Br. : Peire Bremon.
P. Card. : Peire Cardenal.
P. d'Alv. : Peire d'Alvergne.
P. de Buss. : Peire de Bussignac.
P. de C. : Ponz de Capduoill von Max von Napolski. Halle 1880. (Die römischen Ziffern bezeichnen die echten, die arabischen die unechten Lieder).
P. del V. : Peire del Vern.
P. de Mars. : Paulet de Marseilla.
Perd. : Perdigo.
P. f. d'U. : Ponz, fabre d'Uzes.
Ph. : Der Mönch von Montaudon, hrsg. v. Emil Philippson, Halle 1873
Pist. : Pistoleta.
P. O. : Le Parnasse Occitanien ou choix des poésies originales des troubadours.
P. R. de Tol. : Peire Raimon de Toloza.
P. Vid. : Peire Vidal's Lieder, hrsg. v. Dr. K. Bartsch. Berlin 1857.
R. : Choix des poesies originales des troubadours par M. Raynouard.
R. d'Aur. : Raimbaut d'Aurenga.

R. de Berb. : Richart de Berbezill.
R. de C, : Raimon de Castelnou.
R. de Vaq. : Raimbaut de Vaqueiras.
R. de Mir. : Raimon de Miraval.
R. Jord. : Raimon Jordan.
R. G. de B. : Raimon Gaucelm de Beziers.
Rom. : Romania, p. p. P. Meyer et G. Paris.
R. Vid. : Raimon Vidal.
S. de S. : Sail de Scola.
Sen. : Seneca.
St. : Der Troubador Jaufre Rudel, hrsg. v. Albert Stimming, Kiel 1873.
Suchier Dkm. : Suchier, Denkmäler prov. Literatur und Sprache, Halle 1883.
Uc B. : Uc Brunet.
Uc Cat. : Uc Catola.
Uc de la B. : Uc de la Baccalaria.
Uc de SC. : Uc de Saint-Circ.
V. et Vert. : Vices et Vertues, Hs. citiert im L. R.

A. Abhandelnder Teil.

I. Begriffsweite der Sprichwörter und Sentenzen.

Da wir keine zeitgenössische Sammlung von provenzalischen Sprichwörtern der klassischen Periode besitzen[1]), so bilden die Werke der Troubadours unsere einzige Fundgrube für dieselben. Recht häufig allerdings machen sich die Dichter diesen alten Schatz der Volksweissheit zu Nutze. Oft jedoch müssen wir erst entscheiden, ob wir ein Sprichwort, ob wir eine Sentenz vor uns haben, und es ist daher vor Allem nöthig für beide Arten characteristische Kennzeichen aufzustellen. Die hauptsächlichsten Fingerzeige nun, welche wir in dieser Hinsicht finden, bieten die gewöhnlich den Sprichwörtern und hier und da auch den Sentenzen vorausgeschickten Einführungsformeln. Wo diese fehlen, sind wir hinsichtlich der Unterscheidung von Sprichwort und Sentenz zumeist auf die beiderseitigen allgemeinen Kennzeichen angewiesen: Unter einem Sprichwort haben wir in kurze Sätze zusammengefasste Wahrheiten zu verstehen, welche nach Angabe der üblichen Eingangsformeln durch lange und oft wiederholte Wahrnehmung im physischen und moralischen Leben festgestellt, allgemein anerkannt und besonders von der erfahreneren Hälfte der Menschheit oft angewendet werden und deren Fortpflanzung vorzüglich durch mündliche Ueberlieferung stattfindet. Die Sentenz enthält zwar auch in nicht zu umfangreiche Sätze zusammengefasste Wahrheiten, die aber noch nicht durch die Erfahrung aller befestigt sind, sondern nur der Ansicht Einzelner entsprechen und auch nur von den Beleseneren citiert werden.

---

1) Die von Hänel, Catalogus pg. 5, citierte Fol. Hs. in Aix: »Recueil des proverbes provençeaux«, gehört nach einer Mittheilung des dortigen Conservators dem 17. Jahrhundert an und hat Jean de Cabans, einen Dichter jener Periode, zum Verfasser.

1. Kennzeichen der Sprichwörter.

Als Kennzeichen von Sprichwörtern gelten vor Allem die vorerwähnten Einführungsformeln, und unter ihnen sind diejenigen zuerst aufzuführen, welche geradezu den betreffenden Satz als Sprichwort bezeichnen, also einen der für Sprichwort gebräuchlichen Ausdrücke enthalten. Es kommen hier die Formen vor: *reproviers*, *reprociers*, *reprochier*, *repropchier*; sowie *proverbi* und *reproverbi*, die beiden letzteren Formen in den jüngeren, die ersteren in den älteren Texten. Vereinzelt finden sich auch Ausdrücke wie *paraula* (cf. Sprw. 101, 242), *verset* (561), sowie *eixemples* (376), dessen analoge Form *bispel* im Mhd. zur ausgedehntesten Verbreitung gelangt ist. Die landesübliche Bezeichnung *reproviers* bedeutet eigentlich »Vorwurf«, und erst übertragen: »Ermahnung, Lehre, Sprichwort«, eine Bedeutung, welche für die beiden anderen Ausdrücke *proverbi* u. *reproverbi* die einzig zulässige ist (cf. Anm. 12). Die hierher gehörigen Formeln sind:

Ditz lo reprovier 526, 736, so sabez vos, si col proverbis diz 763, me dis un reprovier dels ancessors 867, 920, en reprocier c'auzian me dis 916, se ditz ben un reprochier pel mon 760, om dil repropchier que vers es 378, vers es lo reprochier c'om di 377, dis li proverbis plans 364, ar sai eu quel reprovier ditz ver 697, aicel reproviers me ditz ver certamens 448, vers es so quel reprochier ditz 902, ben ditz ver lo proverbis que soven audit ay 681, ben uers le prouerbis a dir 724, le reprochier no dis ges ver 892, un proverbi dizon tuig 624, quel proverbis ges tan diz torn en mal 665, un reprochier ai auzit dir 727, aug dir al reprochier 312, eu l'auzi dir en un uer reprouer 640, anc non ausi lo proverbi 501, direus n'ay un repropchier 34, ja solom dir el reprouier 146, sai be qu'es falhimen lo repropchiers c'om dire sol 891, del reprovier mi sove 876, m soven d'un repropchier qu'ieu auzi retraire l'autrier 475, m sove d'un reprovier c'ai mantas vetz auzit contar 677, proverbis es 676, proverbis es comus 680, lo reprouers es fis e uers 333, el reproiers es vertatz 173, al repropchier m'acort qu'ai auzit dels ancessors 417, me vuelh tener al reprovier 365, el proverbis consent hi be 606, le reprouier cre 141, cresetz lo reprovier 309, il reprochier quel savis ditz enten 444, se mostra conoissens quel reprochier quel savi di 584, el reprovier retrai certamen 465, proverbis espo 921, l proverbis s'acoigna 922, el proverbis vai nos o referman 89, el proverbis n'es guirens ses contendre 759, jal reproviers non l'er garens 5, lo reprouiers uai aueran som par 541, don lo reproviers eissi 224, noi val repropchiers 14, membre ti del proverbi de Costanti 919, vers es l' eixemples de Rainart 376.

Auch die folgenden Einführungsformeln, obgleich sie nicht geradezu einen Ausdruck für Sprichwort enthalten bezeichnen doch mit ziemlicher Sicherheit den von ihnen eingeleiteten Ausspruch als Sprichwort, indem sie von ihm angeben, dass die in ihm enthaltene Wahrheit allgemein anerkannt und bekannt ist oder der Ausspruch oft angewendet zu werden pflegt:

Hom ditz (dis, di) 1, 71, 72, 563, 893, hom di o for lo mon 105, se —
118, 809, eu sai e toz lo mons o — 170, el vilans — tras l'araire 163,
una vetz me — 303, la gens laigua — 679, ben sai e conosc veramen
que vers es so quel vilas — 271, so hom salvatges 423, jovens — 507,
dreitz — ... et es vertatz 761, le savis — 32, 791 nostre savis — 337,
lo savis me — 338 ben deuria sovenir quelham dis en rizen 296, om
dis 625, ben mel dison tuit li savi del mon 240, tuh dizo can seschai
370, ora diran tut li desconoissen 871, ancse 479, tot l'an dizet que 595, s'en
van dizen 363, om vai dizen 425, ben pot hom dir 172, puese dir 915,
poyran dir 607, nois poiria dreich dir 853, aug dir 54, 251, 300, 324,
426, 664, 764, — per usatge 546, — que dretz es 548, — mainta vegada
174, — a la gen 669, — e contendre 396, d'una re sia sert, qu'als savis
aug dir 694, ieu aug a maintos dizer 310, ieu auzi dir a mon aviol
186, anc non auci 970, auzit ai dir 917, 307, 121, — e vay mi remem-
brant 849, — so sapchatz 131, — manta sazo 78, 408, — mantas vetz
653, — soven 531, — del savi 247, ancse — 775, tostemps — 477, auzit
ai retraire ancse — 327, 359, non auzis ancmais parlar 472, lo savis
retrai 858, me parl que 770, lo mouniers jutg'al moli 147, ben es paraula
conoguda 242, tos temps fo e tos temps er 24, non es ni fo ni sera 168,
usatges es et adurat mainz dia 745, tals usansa es bes estars 330, ben
sabes verament 709, vers es e sabez o 64, vos sabetz 325, ja sabetz
443, uers es que huey e ier 619.

Während die bis hierher aufgeführten Formeln die all-
gemeine Anerkennung des Ausspruches in irgend einer Weise
hervorheben, ist dies in der folgenden Formel-Gruppe weniger
klar angedeutet. Die hier in Frage kommenden Einleitungs-
formeln liessen schon auf nur subjective Aussprüche der Dichter
schliesen. Entscheidend aber für ihre Zuweisung zu den
Sprichwörtern ist entweder ihre Uebereinstimmung mit anderen
sicher verbürgten Sprichwörtern, oder ihre gedrängte oder
bildliche Ausdrucksweise. Die hierher gehörigen Formeln sind:

Vers es 795, ueramen 171, paraula es vertadeira 101, sert es 169,
so es sert 799b, ben es vertatz 877, ben es dreitz 427, dreitz es en
leial fe 110, es razos deschauzida 590, al savi cove 462 membre li 483,
so sapchatz 480, cert sapchatz 273, sias li membrans 860, ar aujatz
508, cre me 45.

Eine fernere Gruppe von Einführungsformeln bezeichnen
zwar äusserlich den sie begleitenden Ausspruch geradezu als
einen subjectiven; zum grösseren Theile jedoch sind die Formeln
durch Zusätze so erweitert, dass der Ausspruch dadurch dennoch
zu einem allgemein bekannten gestempelt wird, abgesehen
davon, dass dies der Inhalt schon thut:

Era vos dirai 471, dic vos tot l'an 316, eu dic lo ver aiessi cum
dir lo solh 329, per ver t'o dic 89, sai 884, be sai 746, m sai 51, oras
en sai ben 25, ieu sai e cre 74, ben conosc e sai 213, ieu conosc e sai
ques uers 732, eras sai be que uers es 375 eras sai ben as escien 466,
ieu sai lo uer 400, nom sai conort mas aquel del juzeu 574, uei 424, 440,
422, 423, nei soven 845, tostemps uei 805, ai uist 258, 437, 438, 807,
844, uist ai e trobat en ma sort 439, proar uoill 435, proat lo ai e sai
275, segon la mia esmansa 381, a mos entens 566.

Eine letzte Gruppe von Einführungsformeln ist die, in welcher die Herkunft der Sprichwörter näher bezeichnet wird. Aus diesen Formeln erhellt, dass es doch die mündliche Ueberlieferung nicht ausschliesslich ist, der unsere Dichter ihre Sprichwörter entlehnten, sondern dass ihnen und dem Volke noch andere Quellen offen standen, unter denen die Heilige Schrift und die Werke einiger vorzüglich römischer Schriftsteller, im Mittelalter mit dem Namen Philosophen bezeichnet, die wichtigsten sind. Nach der blosen Formel zu urteilen würden wir also hier Sentenzen vor uns haben und werden in der That die meisten derartig eingeleiteter Assprüche dort aufzuführen sein. Da jedoch andere verraten, dass sie als Sprichwörter gebraucht sind, so müssen wir diesen hier ihren Platz anweisen. Da derartige Sprichwörter mehr im Kloster und überhaupt in der Schrift ihre Heimat hatten, so sind sie mit dem Namen gelehrte Sprichwörter bezeichnet worden.

Wenn schon alle Teile der Bibel die provenzalische Sprache mit sprichwörtlichen Redensarten und Sentenzen, die zu Sprichwörtern wurden, getränkt hatten, so gilt dies insbesondere von den von Salomo verfassten Büchern : Der Weisheit, dem Prediger und den Sprüchen Salomonis. War doch der Name des Sohnes Davids im Mittelalter, gleichbedeutend mit der höchsten Weisheit selbst (cf. Nr. 1023 ff.). Ferner:

Ço dis Salomos 578, cocelhs es de Salomo 816, Salomos nos es recomtans 87.

Auf andere Theile der Bibel beziehen sich:

So mostra l'escriptura 859, ieu atruep sert e l'escriptura 754, Jhesus dis 63.

Einige unserer Dichter, die in den Klosterschulen ihre Bildung empfangen hatten, citieren auch aus anderen Schriften namentlich aus klassischen Autoren Sprichwörter, deren weitere Verbreitung teils schon die Formeln, teils der Inhalt anzeigt:

Vos sabez e trobes ho legent 55, enaissi sertamens o truep ligen els libres dels auctors 672, escrich truep en un nostr'actor 811, als auctors ai ancse auzit dir 15, cho dizion li autor 545, us pauc verset romansa 561, so ditz la gens anciana 659, 451 (könnte auch »die alten Leute« gedeutet werden), ai sen de Cato 446, Ovidis ditz en un libre e noi men 48, Ovidy o retrai 18, nos retrays Marcabrus 165, en Bernartz dis de Ventadorn 20.

Nunmehr kommen wir zu den Sprichwörtern bei denen keine Einleitungsworte uns darauf hinweisen, dass wir ein Sprichwort vor uns haben, sondern bei denen andere Gründe an Stelle der Formel entscheiden müssen. Dass auch solche uneingeleiteten Ausssprüche wirklich als Sprichwörter aufgefasst werden dürfen, geht zunächst daraus hervor, dass eine Anzahl unter ihnen auch mit Einleitungsformeln versehen vorkommt, nämlich: 19, 20, 33, 44, 53, 91, 92, 119, 120, 121, 164, 165, 166, 169, 187, 214, 282, 308, 328, 332, 362, 365, 373, 374, 409, 422, 424, 428, 445, 446, 470, 472, 478, 481, 482, 566, 638, 639, 670, 671, 682, 698, 707, 708, 771, 792, 793, 810, 850, 861, 862, 877, 894.

Ebenso sind wir wohl berechtigt, diejenigen Aussprüche, welche mehrfach auftreten, zu den Sprichwörtern zu rechnen. Vers und Reim haben allerdings meist ihre völlige Uebereinstimmung vernichtet. Hierher gehören die folgenden Gruppen: 9, 10, 11; 28, 29; 56, 57, 58, 59; 106, 107; 127, 128, 129, 130; 135, 136; 148, 149; 226, 227, 228; 267, 268; 311, 312, 313; 339, 340, 341, 343; 349, 350, 351, 352, 384, 385, 388; 414, 415, 416; 419, 420, 421; 450, 452, 453, 454, 455; 458, 459, 462, 463; 517, 518; 534, 535, 536; 541, 542; 580, 581; 589, 590, 591, 592; 644, 645; 655, 656; 657, 663; 683, 684, 685, 686, (687, 688, 689); 716, 717; 720, 721, 722, 723, 725, 726; (779, 780, 781, 782, 783, 784) 785; 803, 804, 806, 807; 855, 856, 857; 865, 866; 881, 882; 895, 896, 897, 898, 899.

Als Mittelpunkt von Gruppen können wir hier noch hinzufügen:

37, 39, 52, 85, 156, 177, 191, 203, 211, 217, 261, 314, 327, 357, 395, 399, 400, 432, 464, 465, 504, 530, 543, 556, 585, 609, 703, 744, 751, 800, 819, 821, 824, 848.

Endlich sind noch diejenigen Nummern anzuführen, welche nur durch ihren characteristischen Bau, den wir in einem der folgenden Kapitel besprechen, sich als Sprichwörter kennzeichnen. Als solche Characteristica wollen wir vorläufig die gedrängte Kürze und die bildliche Ausdrucksweise erwähnen. Da diese Merkmale jedoch zu den unsichersten gehören, so werden uns wohl namentlich die Spruchdichter G. del Ol. etc. oder Uebereinstimmung mit deutschen Sprichwörtern hin und wieder verführt haben, manche Nummern als Sprichwörter hier aufzuführen, welche eigentlich in das Gebiet der Sentenz gehören: Es sind 80, 81, 83, 138, 139, 140, 142, 143, 145, 161, 176, 270, 283, 285, 289, 290, 291, 293, 294, 317, 318, 353, 366, 368, 369, 413, 441, 442, 474, 494, 495, 498, 522, 538, 540, 547, 549, 550, 551, 552, 560, 569, 579, 600, 601, 602, 622, 626, 629, 633, 634, 637, 675, 678, 694, 754, 757, 758, 762, 765, 766, 767, 768, 769, 777, 796, 797, 798, 801, 802, 805, 830, 833, 869, 873, 883, 884, 885, 889, 890, 900, 901, 946, 974.

Die Anzahl der Sprichwörter in den vorerwähnten provenzalischen Texten würde sich nach dieser Zusammenstellung auf 475 beziffern. Hierbei sind jedoch sämmtliche Wiederholungen und Varianten mitgezählt. Nach Abzug von etwa 100 Sprichwörtern, die Wiederholungen und Varianten bilden, bleiben noch 375 übrig, welche den Sprichwörterschatz der provenzalischen Lyriker darstellen.

2. Die Sentenz.

Für die Sentenz lassen sich keine nur annähernd so sichere Erkennungsmerkmale aufstellen, wie dies beim Sprichwort der Fall war. So ist schon kein specifischer Ausdruck vorhanden, welcher den Begriff »Sentenz« wiedergiebt. Ganz und gar verschmähten es die Dichter jedoch nicht, auch einem sentenzenartigen Ausspruche einige einleitende oder bekräftigende Worte hinzuzufügen und dann finden sich wohl die Bezeichnungen: razos 108, paraula ginhoza 918, versetz 880, iuiemen 185, welche Ausdrücke aber, wie wir gesehen, vereinzelt auch für Sprichwort gebraucht werden. Dasselbe muss von den unten angeführten Formeln gesagt werden, die Sentenzen einleiten, nämlich dass sie teilweise auch vor Sprichwörtern angetroffen werden. In den hier angeführten Formeln ermangelten die von ihnen eingeleiteten Aussprüche der für das Sprichwort characteristischen Merkmale, weshalb sie nur als Sentenz bezeichnet werden konnten. Es mögen auch hier die betreffenden Formeln folgen:

So es sert 906, uers es 100, razos es 319, es razos 100, so es veraya razos 642, razos vol e dretz commanda 150, dreitz es 208, dieus e dretz e razos s'acordon 872, co es ueritatz pura Ke trobem en sainta scritura 235, si cum la letra esseigna 776, taing 632, beis taing 137, nos taing 35, no tanh 432, es conseils senatz 537, elh sapcha de se 302, ades o sapchon tal e cal 908, ben sapchatz 204, cert sapchatz 576, 1009 sai 179, 851, ieu m sai 51, cre 219, ieu uei 278, non vi 268, maintas vez ai uist 568, ai ben vist 199, ades proarai vos o qu'ieu hai uist 794, ieu dic 617, vos dic veramen 654, Salomos dis 527a, 205, co dis Salomos 22, dis o Salamos 73, escrig o truep en Salomo 96, l'evangelis ditz aquesta razo 108, segon los ditz de la Sainta Escriptura 207, so dis dieus qu' ieu sai ben lo ver 613, Therensis dis que savis fo 553, Seneca dis que saup philosophia 910, Seneca que fon hom sabens ditz 527, so dis Catos 582, so dis us verssetz de Cato 888, truep en l'escriptura qu' Ovidis dis 661, Ovidys retrays 17, Tolomeu det un bel iuiemen 185, dis en Perdigos 739, el pros coms Raimon de Toloza Dis una paraula ginhoza, Que retrairai per so que no s'oblit.

Namentlich an dieser letzten Formel vermögen wir deutlich den Weg zu erkennen, der von einer Sentenz eines Dichters zum Sprichwort, wenn auch nur zu einem »gelehrten«, hinüberfürt. Die Grenze zwischen Sprichwort und Sentenz ist eben eine sehr schwankende und unsichere, und ist darin auch der Grund zu suchen, weshalb ich die Sentenzen zu der Sprichwörtersammlung hinzuzog: Ich wollte dadurch vermeiden, dass ein

Sprichwort, das das Aussehen einer Sentenz hatte, aus unserer Betrachtung ausgeschlossen würde. Dagegen kann in den folgenden Kapiteln die Sentenz nicht dieselbe eingehende Berücksichtigung wie das Sprichwort finden. Es würde das den Rahmen dieser Arbeit weit überschreiten.

II. Bau der Sprichwörter.

1. Satzform.

Getreu der Natur des Sprichworts, die möglichste Kürze verlangt, begegnen in der Sammlung 163 Sprichwörter, deren Satzgefüge der einfache Behauptungssatz ist, mit dem Verbum gewöhnlich im Praesens; doch finden sich auch das Praeteritum, das Futur, sowie unbedeutende Erweiterungen eines Satzteiles durch ein Participium (368), oder es ist ein Satzteil doppelt vorhanden, wie in 9 das Praedicat. Sprw. 14 möge den Typus dieser Klasse veranschaulichen:

  Amors fai engal tota gen.

Dieselbe Structur haben 10, 29, 52, 92, 145, 167, 169, 191, 258, 261, 353, 400, 409, 415, 416, 421, 422, 428, 437, 438, 440, 450, 478, 480, 481, 482, 541, 542, 550, 580, 638, 639, 640, 669, 670, 672, 675, 753, 757, 787, 788, 800, 844, 845, 897.

Eintretende Inversion, oft veranlasst durch Reim oder Vers, ändert wenig:

  (120) De bos faits ren deus bon gazardo.

Inversion findet noch statt bei 39, 44, 48, 161, 289, 413, 414, 419, 420, 451, 455, 551, 563, 634, 801, 897.

Der einfache Behauptungssatz findet sich negiert in Sprw. 20:

  Amors segon ricor non vai.

Ebenso in 1, 19, 20, 37, 101, 168, 171, 172, 177, 267, 268, 293, 362, 363, 442, 549, 579, 624, 629, 657, 761, 898.

Diesen negierenden Sätzen sind näher verwandt als den affirmativen diejenigen, bei denen statt der Negation »non« das Adverb »greu« steht: 291, 758, 793, 883.

Oft auch wird der Satz an das Vorhergehende durch eine Conjunction angeknüpft, am gewöhnlichsten durch »que«. Als Beispiel möge 34 hier stehen

  Dire vos n'ai un reprochier, C'ab la una ma lavon l'autra Et ambas los huelhs e la cara.

Ebenso angeknüpft sind: 53, 55, 242, 273, 324, 325, 359, 408, 424, 426, 427, 439, 483, 526, 607, 619, 707, 754, 764, 770, 771, 795, 811, 877, 884, 918.

Selbstverständlich sind dabei alle Combinationen von negierten und angeknüpften Sätzen, von Sätzen mit Inversion und Anknüpfung, oder Inversion und Negierung sehr häufig. Wir führen hier nur noch auf 16, 18, 24, 74, 296, 471.

Besonders mögen auch die Sprichwörter noch Erwähnung finden, die als Subject ein allgemeines Pronomen haben, analog Nr. 39.

> Bon amor gazanh' hom ab servir.

Desgleichen 45, 59, 106, 444, 445, 452, 848, 849, 850. Das Pronomen »nuils« haben 271, 533, »quascus« 15.

Das Streben des Sprichworts nach Kürze ist am intensivsten ausgeprägt in den Fällen, in denen der einfache Satz durch Auslassen des Verbums noch verkürzt wird. Jedoch geschieht dies nur, wenn das Verbum sehr leicht zu ergänzen ist, und die Deutlichkeit nicht darunter leidet. Diese Form, die Ellipse, zeigt sich in 164, 166, 173, 174, 547, 561, 569, 665, 759, 799. Als Beispiel möge Sprw. 561 hier stehen:

> Us pauc verset romansa : Am los grieus greus.

Nicht weniger beliebt beim Sprichwort, als die vorerwähnte ganz einfache Bauart mit ihren Abarten, ist die Erweiterung des einfachen Satzes durch den Relativsatz. Wir haben als in diese Kategorie gehörig 147 Sprichwörter aufzuzählen. Der Relativsatz kommt dabei in den verschiedensten Stellungen vor. Er tritt zum Subject in Sprw. 474:

> Cors qu' es ples d'aziramen
> Fai falhir boca soven.

Diesem schliessen sich an 54, 281, 474, 545, 659, 717, 784, 804, 824, 885, 919.

Der Relativsatz tritt ergänzend zum cas. obl., wie bei 783:

> Om cuoill mantas vetz los balais,
> Ab qu'el mezeis se balaia,

und ähnlich: 779, 781, 782.

Sowohl beim Subject als Object findet sich ein Relativsatz in Sprw. 780.

Sehr beliebt und charakteristisch für das Sprichwort ist die Stellung, in der sich der Relativsatz an ein vorausgehendes allgemeines Pronomen anschliesst, welches gewöhnlich das Sprichwort beginnt. Diese Form zeigt 373, wo der Relativsatz sich an ein indefinites »tals« angeschlossen:

> Tals se cuia calfar que s'art.

In derselben Weise an »tals« angeschlossene Relativsätze enthalten 375, 376, 377, 494, 585, 591, 796, 797, 974, an ein »aital« angeschlossen ist 378. Der Relativsatz schliesst sich an »cel« an in 79, 87, 146, 240, 395, 454, 498, 530, 578, 626, 760, 767, 775, 785, 830, 871, an »quascus« 112, an »tot« 802, an »so« 186, 213, 214, 332, 333, 518, 581. 697, 703, 893, 894.

Die relativische Verbindung »lai on« ist auch nicht ungebräuchlich, cf. 23, 170, 769, 889, 890, 895, 896, 899, 900.

Am häufigsten endlich ist die Anwendung des beziehungslosen Relativsatzes, der sich nicht einen Satzteil ergänzend an diesen anschliesst, sondern selbst einen Satzteil vornehmlich das Subject bildet. Diese Form möge das Sprw. 57 veranschaulichen:

> Qui non tem, non ama coralmen.

In derselben Weise vertritt ein Relativsatz die Stelle des Subjects oder Objects in den Sprw. 4, 80, 81, 85, 107, 111, 118, 119, 121, 138, 139, 141, 142, 143, 147, 156, 186, 217, 226, 227, 312, 313, 328, 329, 333, 364, 366, 374, 396, 399, 475, 552, 656, 664, 676, 694, 763, 856, 857, 865, 866, 867, 869, 878, 882, 891, 914, 915; Subj. u. Obj. sind durch einen Relativsatz ersetzt in Sprw. 187. Der Relativsatz folgt nach in Sprw. 58, 72, 78, 122, 140, 148, 149, 228, 307, 309, 310, 311, 317, 318, 369, 425, 435, 443, 448, 470, 517, 606, 833, 881, 892, 913. Als Spezialfälle hierzu seien noch erwähnt 308, 504, 522, 534, 535, 536, 609. Diese Sprichwörter beginnen nämlich alle mit dem Ausdruck »fols es qui«.

Zu den beim Sprichwort schon weniger gebräuchlichen Formen sind die Conditionalsätze zu rechnen. Sie sind gewöhnlich durch Conjunctionen eingeleitet u. z. durch »si, can, pos«. Sie zeigen in sofern eine nahe Verwandtschaft zu den Relativsätzen, als man das »qui« derselben nur durch ein »si« zu ersetzen braucht, um zu dem conditionalen Satzgefüge zu gelangen, so das Sprw. 56:

> Si ben amas, ben tems.

Das ihm entsprechende Sprw. nur in relativischer Weise ausgedrückt ist das als Beispiel zum Relativsatz angeführte Sprw. No. 57. Ausserdem sind noch durch die oben erwähnten Conjunctionen eingeleitet die Sprwr. 175, 176, 203, 224, 282, 294, 314, 316, 330, 495, 574, 625, 762, 765, 799, 805, 808, 864, 922.

In Temporalsätze eingekleidet finden sich die Sprichwörter 543, 546, 679, 680, 681, 682, 766, 916. Als Beispiel wollen wir 681 herausgreifen:

> Tan grata li cabra, tro pogna que mal jay.

Als im Bau ähnlich schliessen sich diesen noch an 105, 477, 678, 698.

Gleichfalls in geringerer Anzahl finden sich die Sprichwörter die zwei Thatsachen geben. Sind dieselben unverbunden und dabei gleich, so kann man sie geradezu als 2 Sprichwörter auffassen, z. B. 285:

    Qui dorm l'estiu l'ivern no mol,
    Joves, qui col, viels vay a dol.

Aehnlich sind gebaut: 271, 290, 343, 370, 777, 807. Sind die beiden gegebenen Thatsachen einander entgegengesetzt, so lässt sich ihre Zusammengehörigkeit schon mit grösserer Sicherheit erkennen. Als Beleg für diese adversative Construction möge Sprw. 636 dienen:

    Savi s'aluenha d'autrui huis
    El fol agacha pel pertuis.

Hierzu sind noch anzuführen 163, 165, 272, 303, 339.

Zu den beim Sprichwort seltenern Constructionen gehört auch die Vergleichung zweier Thatsachen. Für die vergleichende Construction der Gleichheit bietet Sprw. 501 einen Beleg:

    Daital grat n'aia el, que quen dormen sa domna baia.

Ebenso 110, 595.

Wird der zweite Teil verneint, so haben wir die Vergleichung zweier ungleichen Thatsachen. Hierfür bieten Belege 275, 584, 799, 803. Bei weitem häufiger ist diese Construction jedoch unter der folgenden Form (567):

    Onrada folia ual en luec mais que sens

Diese Form, in der die Verbindung durch »mais val, mais am, mais uoill, val meins, es peior« herbeigeführt ist, zeigen die Sprwr. 71, 357, 464, 538, 566, 567, 644, 645, 683, 684, 685, 686, 687, 688, 689, 716, 720, 721, 722, 723, 725, 726, 727, 732, 768, 803, 809, 821, 858, 859, 860, 861, 862, 873, sowie 384, 385, 901, 902.

Wenn auch schon alle in Behauptungssätze eingekleideten Sprichwörter sich mehr oder weniger direct an den Menschen richten, was der Aufruf »amics« vor dem Sprichwort 44, »maistre« vor 442, »senher« vor 445, 481, bekundet, so wählten doch die wenigsten die Form des directen Heischesatzes, wie sie Sprw. 270 zeigt:

    De totz faitz cossira la fi.

Ebenfalls den Imperativ zeigen: 270, 388, 453, 633, 671. Den Conjunctiv hat dagegen unter andern

    (365) Nos mova qui ben estai.

Ebenso 32, 33, 365, 589, 724, 816, 719.

Eine diesem nahe verwandte Form ist endlich die folgende, in der Imperativ oder Conjunctiv durch ein »deu«, »devem«, »tanh«, oder »cove« ersetzt ist:

    (64) Fis amics deu celar son corage.

Ebenso 64, 127, 128, 129, 130, 131, 135, 136, 211, 338, 381, 433, 446, 458, 459, 460, 462, 556, 560, 600, 677, 791, 792, 810, 872.

2. Länge der Sprichwörter.

Was die Länge der Sprichwörter anbetrifft, so lassen sich hier nicht die Schlüsse ziehen, welche anderweitig bei der Behandlung der Sprichwörter in den Karlsepen oder derjenigen in den höfischen Epen gezogen worden sind. In den Volksepen haben wir die ständige Verslänge von 10 Silben, in den Kunstepen gewöhnlich die von 8 Silben, während in der provenzalischen Lyrik die Länge der Verse sehr wechselt, sodass ein Sprichwort, welches aus 2 viersilbigen Versen besteht, doch kürzer ist, wie ein solches, das einen zwölfsilbigen Vers füllt. Für die Länge der provenzalischen Sprichwörter ist daher mehr das Kapitel über ihre Bauart entscheidend. Doch sei auch hier der Volständigkeit halber Folgendes noch erwähnt: Unter den 475 Sprichwörtern sind 224 bis zu einem Verse lang, 191 bis zu zwei Versen lang, 60 länger als 2 Verse. Hierbei ist nur die reine Länge des Sprichworts ohne etwaige Einleitungsworte berücksichtigt. Am zahlreichsten nach dieser Gruppierung sind also die Sprichwörter von einer Verslänge und am geringsten vertreten diejenigen von mehr als 2 Versen. Die hieraus sich ergebende Norm für die Länge unserer Sprichwörter würde also eine Verslänge sein. Hierzu kommt noch, dass unter den Sprichwörtern, welche länger als 2 Verse sind, sich nur wenige finden, welche sich durch Aeusserlichkeiten geradezu als Sprichwörter kennzeichnen, nämlich 224, 338, 370, 417, 685, 686, 867, 921; viele ferner der über 2 Verse langen Sprichwörter bestehen aus mehreren indem sie aus einversigen oder zweiversigen Sprüchen, die meistens einen Parallelismus bilden, zusammengesetzt sind, z. B. 328 aus 2 zweiversigen, 370 aus 1 ein- und 1 zweiversigen Spruche. Selbst viele der bis zu 2 Verse langen Sprichwörter sind aus 2 einversigen Sprüchen zusammengesetzt, wie 131, 312, 322, 452 etc., sodass sich die Klasse der einversigen Sprichwörter durch diese Auflösungen noch vermehrt, während sich die Klassen der mehrversigen vermindern.

Es ergiebt sich hieraus, dass die Natur des Sprichworts möglichste Kürze erstrebt. Vorzüglich gilt dies für die echt volkstümlichen Sprichwörter, welche, je kürzer sie sind, um so öfter ihrer bequemen Anwendung halber citiert werden. Dieser Grundsatz der Kürze der Sprichwörter ist namentlich bei den Varianten von Belang.

Etwas andere Resultate ergeben sich, wenn wir bei der obigen Scheidung auch die Sentenz berücksichtigen. Alsdann ergeben sich unter den 955 Nummern 380 Sprichwörter, die bis zu einem Verse, 435 die bis zu zwei Versen lang sind und 140, die länger als 2 Verse. Am zahlreichsten nach dieser Gruppierung sind also die Sprichwörter von 2 Verslängen, denen die mit einer Verslänge ziemlich nahe folgen.

3. Varianten.

Unter den 475 eigentlichen Sprichwörtern giebt es wiederum wohl nur wenige, von denen sich mit Bestimmtheit die ursprüngliche Version behaupten lässt. Mögen die nur *einmal* vorkommenden Sprichwörter ganz unangetastet bleiben. Wir sehen es am besten an den manchmal sehr verschiedenen Formen, in denen ein und dasselbe Sprichwort mehrmals auftritt. Die Gründe für die vielfachen Formen sind wohl vor allem darin zu suchen, dass das Material poetischen Schöpfungen entnommen ist, dass also die Verslänge und der Reim den grössten Einfluss auf die Umgestaltungen der Sprichwörter ausüben mussten. Einen geringeren Anteil an der Umgestaltung haben der Zusammenhang, die Willkür oder der Zufall.

Manche Sprichwörter sind wohl auch schon in doppelten Formen gebräuchlich gewesen, bei anderen ist nicht zu entscheiden, welche von zwei Formen Anspruch auf das im Volke gebräuchliche Original machen kann. So z. B. sind Sprichwort 164, 165, 166 auf ein Original zurückzuführen; 165 ist offenbar von dem zur Breite neigenden G. del Olivier durch Zusatz von *eys* variirt, wodurch die elliptische Ausdrucksweise von 164 und 166 aufgehoben wird, welche aber beim Sprichwort nicht ungewöhnlich ist: 173, 174, 561, 562, 571 etc. Es bleiben also noch 164 u. 166, welche auf das Original Anspruch machen können; 164 hat den alten volkstümlichen Marcabrun als Gewährsmann, 166 die Stütze durch 165 für sich. Könnten wir nachweisen, dass Marcabrun das Sprichwort auch in der Lesart 166 verwendet hat, wie 165 ja behauptet, so wäre 166 das Original; bis zu diesem Nachweis aber müssen wir 164 dieselben Rechte einräumen. Unter 167, 168, 169 ist 167 das Original, 168 verbreiterte Satzconstruction (B. Carbonel) und Ersetzung von *tota* und *a* durch *cadauna* und *vas* (gewähltere Ausdrücke), 169 Ersatz von *revertis* durch *ressembla*. Unter 28, 29, (27, 30, 31) ist 28 die Reim- 29 die Prosa-Version des Sprichworts; da Prosa bei den Sprichwörter gewöhnlicher (cf. Reim u. Allitteration), so ist 29 als Original der Vorzug zu geben; 27, 30, 31 sind entferntere Umschreibungen.

Jede Variantengruppe in dieser Weise durchzugehen, würde zu weit führen. Wir beschränken uns hier darauf, die Gruppen aufzuführen, bemerkend dass die erste Nummer jeder Gruppe das Original oder wenigstens das demselben am meisten entsprechende Sprichwort in der Gruppe ist: 19, 18, 20; 29, 28, (27, 30, 31); 32, 33; 56, 58, (57, 59); 90, 89, 91, (92—95); 107, 106; 111, 112, (110, 113); 128, 129, 127; 135, 136; 148, 149; 164, 166, 165; 167, 168, 169; 187, 186; 191, 192; 226, 227; 251, 252; 261, 262; 281, 282; 307, 308; 312, 311, 313; 314, 315; 324, 325; 349, 350; 351, 352; 363, 362; 373, 375, 377, 376, 374; 409, 408; 419, 420, 421; 450, 452, (451); 458, 459, (460); 517, 518; 524, 525; 534, 535, 536; 542, 541; 590, 589, 592; 611, 612; 639, 638, 640; 645, 644; 656, 655; 670, 672, 669, 400; 680, 679; 681, 682; 694, 693; 683—685, 770, 771; 791, 793, 792; 803, 804; 808, 809; 855, 856; 859—861; 891—894; 895, 899. Eine Anzahl von Gruppen verraten zwar noch die Zusammengehörigkeit ihrer Glieder, können aber durch die grossen erlittenen Veränderung nicht mehr als Varianten bezeichnet werden: 25, 26; 44, 45; 49—54; 80, 78; 84, 85; 138, 139; 195—199; 212—215; 254—256; 267, 268; 327—330; 340—343; 365—366; 384—389; 391—392; 398, 399; 422—424; 543—546; 697, 698; 703, 704; 707—709; 711, 712; 822, 823.

Auch die Gruppen der sprichwörtlichen Redensarten darf man nicht als eigentliche Varianten betrachten, da sie ja so wie so der Flexion unterworfen sind: 300, 301; 462, 463; 484—488; 489, 490; 491, 492; 502, 503; 505, 507; 777, 778; 779—785; 787, 788; 789, 790; 810—812 (815); 840, 841; 874, 875.

Herbeigeführt wurden die Varianten:

1) Durch einen Zusatz, u. z. tota via ... bon 89, o graszitz o guizerdonatz 136, eys 165, hom 350, ni malastruc 362, ben tost 420, falh e 536, ome 541, pogna 681, sol 792.

2) Durch Ersatz eines Ausdrucks durch einen andern, u. z. segon durch per 18, qui mal fait — per mal voler 106, qualsque guizardo — qu'om guazardon renda 127, revertis vas — ressembla a 169, mal fai — fols es 308, jois — plazers 325, en — per lo 350 conoicheras — conoiss hom, van mentens — so nientz 351, tals — qui 374, es — son 400, 669, uen — n'aura 421, pel — busqu 591, mals — sofracha 638, ve mals — creisso maint engombrer 640, calar — bos absteners 644, ver — vertat 655, se trenca — l'ansa lai rema 679, tot pert — a molt petit de sciensa 693, deu — pot 793, cent jorn — dos mes, ser — dia 855, us ans — cen 859, jorns — dia 861, ja — o 866, non dol — oblida 892, oblida — non sove 893, m dol — mi fa mal 899.

3) Die Aenderung ergriff die Construction: 32, 58, 168, 192, 262, 301, 313, 315, 452, 459, 518, 589, 592, 612, 686, 792, 804, 809, 894, 896, 898.
4) Mit Reim versehen sind: 28, 91, 126, 227, 683, 885 etc.
5) Veränderte Wortstellung findet statt: 312, 535, 861, 892, 897.
6) Die Aenderung ist nur orthographischer Natur 129, 149, 174, 376, 409.
7) Auslassung fand vielleicht statt 895. Die Regel, die kürzeste und einfachste Lesart, wenn nicht besondere Gründe für andere Annahmen vorliegen, als die ursprüngliche zu betrachten, erklärt es, dass die Gruppe, in denen Ausstossungen stattgefunden haben, am kleinsten ist.

Aus den Varianten der Sprichwörter auch auf ein Abhängigkeitsverhältnis der betreffenden Dichter schliessen zu wollen, ist nicht thunlich. In den meisten Fällen liegt die Uebereinstimmung eben in der gemeinsamen Quelle, der mündlichen Ueberlieferung, während nur in den seltneren Fällen (namentlich bei den Spruchdichtern) geradezu ein Abhängigkeitsverhältnis stattfindet, was gewöhnlich jedoch erwähnt wird z. B. 165, wo G. del Oliver Marcabrun als Gewährsmann angiebt, während 166 Aimeric de Peguilan das Sprichwort wohl aus dem Volksmunde kennt.

4. Reim und Alliteration

Da der Boden dieses Kapitels ein sehr schwankender ist, und der Umfang dieser Arbeit eine eingehendere Besprechung des Reimes nicht gestattet, so mögen die folgenden Bemerkungen genügen.

Von den 474 eigentlichen Sprichwörtern haben 154, also etwas weniger als $1/3$, allerdings den Reim, doch lässt sich Ursprünglichkeit desselben mit einiger Sicherheit annehmen nur in 9, 118, 167, 168, 169, 308, 314, 416, 561, 645, 727, 875, 866. Namentlich verführen die Spruchdichter G. del Olivier, B. Carbonel etc. sehr leicht dazu, einen von ihnen herstammenden Reim für ursprünglich zu erklären. Umgekehrt können auch wohl einige mit Reim erst durch Dichter versehenen Sprichwörter in der gereimten Form volkstümlich geworden sein. Da auf jeden Fall die Sprichwörter ohne Reim überwiegen, so lässt sich der Schluss ziehen, dass im allgemeinen der Reim bei den provenzalischen Sprichwörtern ungebräuchlicher ist, als die Prosa.

Dasselbe muss auch gesagt werden, wenn wir die Sentenz hinzunehmen. Alsdann finden sich unter 955 Nummern 370 mit Reim, also etwas weniger als $2/5$.

Enjambement findet sich bei 87 Nummern, die meistens auch den Reim haben.

Noch unbestimmbarer ist das Gebiet der Alliteration. In nachweisbar ausgeprägter Form findet sie sich vielleicht in 145. Unbeabsichtigt scheint dieselbe vorzuliegen in 47, 80, 81, 105 bis 107, 111. 112, 116, 138—143, 146, 561, 562, 668, 702, 840 841, 850.

5. Bilder.

Der Bilderreichtum der provenzalischen Sprichwörter ist bedeutend, die sprichwörtlichen Redensarten sind fast ohne Ausnahme bildliche Ausdrucksweisen, sodass etwa ¼ der Nummern Bilder enthalten. Nicht nur, dass ein Sprichwort allein im Bilde existiert, 916, ja auch in jeder Sprichwörtergruppe, die sich um einen Erfahrungssatz schart, finden wir sicher mehrere bildliche Beispiele, die den Erfahrungssatz uns in concreterer Weise vorhalten, als eine trockene Ermahnung oder Behauptung es thun würde. So ist z. B. 260ff. der Erfahrungssatz 281 ff. die bildlichen Beispiele, 660 ff. der Erfahrungssatz, 677 ff.

In mehr oder minder näherer Beziehung zum täglichen Getriebe des menschlichen Lebens stehen die folgenden Bilder: Herr, Dienerschaft 173, 174, Herrin 333, 501, Vater, Sohn, Tochter, Kind 176, 163, 166, 578, 919, Jüngling 306, Jugend 287, Nachbar 72, 224, Lehrmeister 353, 354, Verwalter 413, Arzt 886, 887, 413, Wucherer 696, Spieler, Spiel 597, 700, 850, 292, Dieb 770, 771 877, Angreifer 366, Blinde, Bösewicht 561, Krätzige 561, Züchtigen 759, Schlagen, Hieb 264, 118, 298, 338, 509, 773, 774, Scheren 760, 873, 952, Ergreifen 378, 763, Bekriegen 141, Jagen 318, 695, 516, Fischen 317, Reiten 924. Springen 462, 463, Schälen 226, Wärmen 373—377, Verändern 926, Binden 147—149, Kaufen 110—113, 737, Erzählen 170, Schlafen 291, 293, Erheben 362, 363, Fallen 382 ff. 707—709, Verbrechen 907, Friede 796, Schramme 845, Mahlzeit 665, Behaglichkeit 271, Haus 290, 622, Schloss 437, 394, Weg 500, Brücke 844, Hafen 817, Weinberg 289, Glocke 502, Thür 636, Krone 797, Tuch 809, 810, 835, Strumpf 939, 563, Lanze, Sporen 300, 301, Messer 294, Waage 390, Krug 679, 680, Wetzstein 869, Karren 923, Last 677, Gemälde 494, Würfel 786—788, 920, Mark, Pfennig 188, 687, Ruthe, Stock, Besen 87, 782—785, Korb 789, 790, Salböl 497, Wachs 21, 523, 601, Honig, Fleisch 272, Ei 933, Mehl 512, 526, Brot 767, Gewürzwaaren 927, Haupt, Glieder 175, Hand 34, 70, 364, Auge 589—592, Mund 634, 627, Zahn 895—899, Blut 171, Flügel 777, 778, Farben 16, 359, 874, 875, 934.

Der Natur im allgemeinen sind entnommen die Bilder über: Welt 510, Sonne 520, 620, Jahr, Tag 834, 858, 862, 864, 381, Sommer, Winter 285, 286, 862, Wetter, Sturm, Regen 422, 424, 423, 805, 916, Hitze 540, 541, Glanz 830, 868, Feuer, Rauch 105, 446, 758, 883, 901, Wasser 393, 500, 766, 803, 804, 870, Wassertropfen 281, 282, Teich 377, Fluss 762, Berg 496, 521, Ebene 922, Sand 506. Von den Metallen dienen Gold und Silber als Bezeichnung von etwas Wertvollem, Zinn, Blei zur Bezeichnung etwas Minderwertigen 71, 621, 689, 795, 802, 807, 819, 826—829, Blei bezeichnet auch etwas Schweres 928, Eisen und Steine etwas Hartes 283, 885, 524, 525, 950. Aus dem Tierreich sind zu Bildern benutzt: Pferd 163, 765, 849, Rind 514, 932, Ziege 681, 682, Lamm 954, Schwein 498, Hase 514, Fuchs 704, Wolf 798, Leopard 172, 832, Löwe 799, Vögel 683—685, 811, Krähe 686, Rebhuhn, Habicht 515, Geier 513, Pfau 710, Aal 833, Spinne 248, Ameise 484—488. Aus dem Pflanzenreich sind zu Bildern verwendet: Hollunder 929, Klee (Dreiblatt) 552, Nuss 442, Kohl 206, Frucht 160, 163, 355, 666, 678, 688, Blume 379, 440, 752, Wurzel, Wipfel 161, 162, 273, 391, 392, 936, 937, Zweig 779, Heu 820, Getreide 807, Korn, Ähre 5, 441, 511, 600, 930, 931, Stroh 511, 602, Spreu 495, 603, 833, Same, Aussaat, Säen 150, 151, 153, 155—159, 504, 505.

III. Inhalt.

Die Sammlung ist soviel wie möglich dem Inhalt nach geordnet, und vermag also diese Anordnung schon einen klaren Überblick über den Inhalt der provenzalischen Sprichwörter zu bieten. Er ist namentlich insofern zu berücksichtigen, als er mit dem Culturleben des Volkes in engem Zusammenhang steht. Die Bemerkungen hierzu haben in der Sammlung an den betreffenden Stellen ihren Platz gefunden. Beeinträchtigt wird das aus der Sammlung gewonnene Culturbild jedoch dadurch, dass die Sammlung eben nicht den gesammten damaligen Sprichwörterschatz des provenzalischen Volkes enthält, sondern nur den Teil desselben, der uns durch die Lyriker zugänglich gemacht oder vielmehr aufbewahrt worden ist, jedenfalls aber durch ihre Anschauungen hindurchgegangen, also mit denselben gefärbt ist. Wie subjectiv die Anschauungen der verliebten Troubadours manchmal sind entgegen denen der übrigen Bevölkerung, erhellt aus den Sprichwörtern 871, 891—894, welche ja die Dichter gar nicht gelten lassen wollen. Wie viel Sprichwörter werden sie also gar nicht verwendet haben, weil sie nicht für ihre Dichtungen passten? Die Charaktere sowohl als die Lebensstellungen der Troubadours waren zwar sehr verschiedene, sodass wir diese Verschiedenheit und Vielseitigkeit auch auf die von ihnen verwendeten Sprichwörter ausdehnen zu dürfen glauben könnten. Obgleich wir unter ihnen aber Fürsten, höhere und niedere Ritter, desgleichen Geistliche, Handwerker und Spielleute, die teilweise sehr niederer Herkunft waren, finden, so dehnt sich eine ebensolche grosse Verschiedenheit nicht auch auf die Dichtungen dieser in ihrer Lebensstellung doch weit auseinanderstehenden Männer aus, sodass dieselben sogar ihrer Eintönigkeit halber getadelt worden sind. In den weitaus meisten Fällen bildet den Gegenstand ihrer Dichtungen der Frauendienst, und klein ist die Anzahl der Gedichte, die sich auf anderen Gebieten bewegen. Dementsprechend überwiegen denn auch die Sprichwörter, deren Inhalt die Freundschaft, die Liebe, Dienstbeflissenheit, Belohnung, Hoffnung etc. bilden über die, welche von Krieg, Gewalt, Verrat etc. handeln. Der Unterschied zwischen lyrischen und epischen Sprichwörtern tritt hier zu Tage. Stellen wir eine Uebersicht des Inhalts zusammen, so handeln von Liebe, Treue und Freundschaft 81 Sprichwörter, von Fleiss, Anstrengung, Beharrlichkeit 76, von Vergeltung, Dank, Belohnung 61, von Glück, Glückswechsel 54, von Lehre, Ermahnung, Tadel, Züchtigung 50, von thörichter Hoffnung 49, von Thorheit 41, von Ehre, Wert, Ruhm 33, von Undank und vergeblicher Mühe 32, von Hoffnnng 26, von Mässigung 25, von Täuschung 24, von Furcht und Mut 23, von Geduld 20, von Anstand im Reden und Benehmen 18, von Barmherzigkeit, Milde, Nachsicht und Freundlichkeit 18, von Erblichkeit der Gesinnung 17, von Habsucht und Geiz 17, von Ungeduld und Zorn 14, von Verstand und Weisheit 14, vom Schweigen 9, von Betrug, Treulosigkeit, Verrat 9, vom Lügen 7, von der Macht der Gewohnheit 7, von Not 6, von Stolz 5, von Gott 5, von Sterben 4, von Selbstbeherrschung 4, von Streit und Krieg 3, von Gewalt 2, von Unrecht 2, vom Schwören 2 und von Rache ein Sprichwort.

IV. Verwendung der Sprichwörter.

1. Häufigkeit ihrer Anwendung.

Es gehören Bertran Carbonel 58 Sprichwörter an, dem Gedichte Seneca 57, Guiraut de Bornelh 46, Peire Cardenal 40, Guiraut del Olivier 34, Peire Vidal 33, Anonym 29, Bertran de Born 29, Folquet de Marseill 24, Bernart de Ventadorn 23, Ponz de Capduoill 23, Raimbaut de Vaqueiras 21, Gaucelm Faidit 19, Aimeric de Peguilan 18, Marcabrus 18, Amanieu des Escas 17, Guiraut Riquier 16, Daude de Pradas 13, Elias Cairels 12, Cadenet 12, Peirols, Flamenca, Peire Raimon de Toloza u. Matfre Ermengau (Brev.) 11, Arnaut de Maroill, Raimon de Miraval, Albert de Sestaro, Peire Bremon u. Bartolomeo Zorgi 10, Uc

Brunet, Lanfranc Cigala, Elias de Barjols, Raimbaut d'Aurenga, Guillem Ademar je 9, Gui d'Uisel, Cercalmon, Folquet de Romans, Raimon Vidal, Sordel, Gavauda, Gausbert de Poicibot, Ponz fabre d'Uzes je 8, Uc de San Circ, Reimon Jordan, Guillem Margret, Arnaut Daniels, Guillem de Montaignagout, Lamberti de Bonanel je 7, Guillem de Bergueda, Peire d'Alvernhe, Bernart de Pradas, Serveri, Guillem IX. c. de P., Johan Esteve je 6, Perdigo, Bernart de la Barta, Guillem de Cerveira, Guiraut de Calanso, Mönch von Montaudon, Betran d'Alamano, Aimeric de Belenoy je 4, Guiraut de Sallignac, Uc Catola, Peire Milo, V. et Vert., Blacatz, Bertran de Pojet, Beatrix, c. de Dia, Ponz de la Garda, Pistoleta, Guillem de Cabestaing, Guillem Figueira, Ademar do Rocaficha, Guillem de Mur, Berenguier Trobel, Rainaut de Ponz, Bernart Martin je 3, Peire Rogier, Blacasset, Guillem Augier, Jaufre Rudel, G. P. de Gazals, Azalais de Porcaraignas, Jordan Bonels, Nat de Mons, Bonifaci Calvo, Guillem Durandus, Croissade contre les Albigeois, Richard de Berbezilh, Guillem de St. Leidier, Raimon de Castelnou, Augier Novella, Peire del Poi, Gaucelm Raimon, Guillem de Biarn, Paulet de Marseil, Uc de la Baccalaria, Palais, Guillem Evesques, Lantelmet del Aiguillon, Berenguier de Palazol, Trobaire de Villa Arnaut, Arnaut de Tintinhac, Monge de Foyssan, Peire de la Mula, Traduction de Bède je 2, Guillem Amiels, Peire de Bussignac, Jordan de Venaissi, Guiraudo lo Ros, Aimeric de Scarlat, Guillem de Baus, Bonifaci de Castelnou, Lemozi, Guillem de la Tor, Paul Lanfranc de Pistoja, Uc de l'Escura, Almuc de Castelnou, Pujol, Guiraut d'Espaigna, Sail d'Escola, Peire Imber, Guiraudo, Rostainh de Mergas, Bernart Tortitz, Duran sartre de Carpentras, Bernart Sicart de Marvejols, Bertran Albaric, Guillem Fabre, Guillem Godi, Bertran de la Tor, Ponz Santolh de Tholoza, Esquileta, Arnaut Peire d'Agange, Tomers, Peire de Valeira, Bernart de Marseille, Oste, Bertran de Tot lo mon, Guillem Durfort, Guiraut de Lus, Ebles d'Uisel, Peire Espagnol, Uguet, Vescoms de Torena, Bernart de la Fon, Bertran, Guionet, Richartz de Tarascon, Peire Bremon lo Tort, Raimbaut de Beljoc, Uc de Maensac, Arnaut Catalan, Torcafol, Dalfinet, Peire Guillem de Tholoza, Uc de Mataplana, Rofian, Guillem, Raimon Ferraut, Livre de Sydrac, Peire Guillem de Luzerna, Rainaut de Tres Sauzes, Sifre, Elias Fonsalada, Bernart, Lignaure, Austorc de Segret, Aigar et Maurin, Raimon Gaucelm de Beziers, lo vesques de Clarmont, Guigo, Guillem d'Apchier je ein Sprichwort.

Es ist aus dieser Zusammenstellung, die 174 Dichter umfasst, ersichtlich, dass wohl keiner der Lyriker ermangelt haben wird, sich die Sprichwörter, welche zu seiner Zeit in Gebrauch

waren, für seine Dichtungen zu Nutzen zu machen, der eine
mehr, der andere weniger. In besonderem Grade gilt dies
jedoch, wie die vorausgeschickte Zusammenstellung zeigt, von
den sogenannten Spruchdichtern. Die Sprüche, welche die
provenzalische Litteratur aufzuweisen hat, sind von Bertran
Carbonel und Guiraut del Olivier. Ferner gehört hierher ein
»Seneca« betiteltes Gedicht, ein Anszug aus der »Weisheit Salomonis«. Allerdings dürfen wir voraussetzen, dass viele der
Sprüche B. Carbonels, Oliviers und Senecas im Munde des
Volkes lebten, indem volksthümliche Versionen entweder vom
Dichter zu seiner Arbeit benutzt worden waren, oder die sehr gemeinverständlich gehaltenen Sprüche teilweise ins Volk übergingen
und sich dort Bürgerrecht erwarben. Deshalb sind anch die
Sprüche zu dieser Arbeit herangezogen worden, wiewohl ja viele
in dieser Gattung der Poesie uns aufbewahrten Sprichwörter in
ihrer Originalität dem provenzalischem Volke nicht angehören,
und dem täglichen Leben der Bevölkerung vielleicht gänzlich
fremd gebliebene Uebersetzungen sind. Aus diesem Grunde müssen
wir den so importierten Sprichwörtern, wir wollen sie gelehrte bezeichnen, immerhin zwar etwas Mistrauen, was ihre Popularität
anbetrifft, entgegen bringen, dürfen dieselben deshalb aber noch
nicht gänzlich ausschliessen. Nicht allein die Spruchdichter,
sondern auch die eigentlichen Lyriker verwenden öfters gelehrte
Sprichwörter, eine Trennung derselben von den volkstümlichen
Sprichwörtern war daher nicht gut durchführbar.

Bei den eigentlichen Lyrikern steht die Fruchtbarkeit an
Sprichwörtern in einem als ziemlich gleichmässig zu hezeichnenden Verhältnis zur Anzahl der von ihnen überlieferten Gedichte.

2. Anwendung der Sprichwörter.

Als diejenige Redeform, welche den weitesten Sinn im
knappsten Gewande bietet, eignet sich das Sprichwort vornehmlich zur Zusammenfassung einer ausführlichen Gedankenreihe in einem gewissermassen die Summe derselben ziehenden
Hauptmomente. Dem entsprechend musste die Stellung des
Sprichworts entweder am Kopf der Gedankenreihe oder am
Schluss derselben sein, und in der That finden wir diese Stellung zu Anfang oder Schluss einer Strofe von den Sprichwörtern
bevorzugt. Als Beispiel mögen die Sprichwörter Guiraut del
Oliviers, Bertran Carbonels und Bertrans de Born dienen, von
denen die Sammlung 121 aufführt. Unter diesen 121 befinden
sich 28, welche den Anfang einer Strofe bilden, 40, die den
Schluss ausmachen.

Die am Anfang einer Strofe stehenden Sprichwörten haben
im grossen und ganzen den Charakter einer Einleitung oder

Ueberschrift, an welche der Inhalt der Cobla durch perque, que, car etc. ungeknüpft ist. Es stehen von den drei genannten Dichtern zu Anfang der Cobla die Sprichwörter 76, 78, 87, 96, 101, 104, 149, 165, 194, 410, 500, 503, 527, 557, 564, 588, 642, 670, 672, 755, 777, 791, 811, 812, 839, 895, 910, 918.

Zu Schluss der Strofen namentlich didactischer Gedichte finden die Sprichwörter in erster Linie Anwendung als schlussbildende Moral, wie 641 oder als Zusammenfassung des vorher gesagten wie 599, endlich auch als Beweis des Vorausgehenden wie bei 168. Hierher gehören von den drei genannten Dichtern die Sprichwörter 26, 61, 168, 190, 220, 263, 265, 269, 291, 318. 336, 347, 355, 362, 555, 556, 560, 599, 605, 641, 650, 663, 702, 713, 719, 720, 748, 749, 751, 754, 759, 773, 801, 808, 855, 947, 949, 952, 954, 980.

Bei der Anwendung der Sprichwörter innerhalb der Strofe, welche Stellung ja gleichfalls sehr gewöhnlich ist, finden sie die meiste Verwendung als Beweis oder Bestärkung des Gesagten oder als Grund für eine Handlungsweise, in welchem Falle ihnen wohl mehr die Bezeichnung »eixemple« zukommt. Daneben finden sich aber auch hier viele Belehrungen und Ermahnungen, für welche die Bezeichnung »reproviers« passender ist.

B. Sprichwörtersammlung.

I. Die Liebe im Sprichwort.

Sie wird uns vom Sprichwort als die höchste und edelste aller Freuden gepriesen, ohne welche das Leben keinen Wert hat. Zur Vervollkommnung eines Ritters oder einer Dame war daher Gewandtheit in Liebesangelegenheiten oder ein Liebesverhältnis selbst von Unerlässlichkeit: cf. Brev. 27865.

1 Hom ditz que gaugz non es senes amor. A. de Peg. 29, M.G.1000, c.1. — 2. Non es hom senes amor ualens. G. Riq. 10, 27. — 3. Nuls hom non a fin pretz verai, | si d'amor no se met en plai. G.de S.L.6, M.W.II,46, c. 2. — 4. Ial reproviers non ler garens | an Huget quem dis en lati | que de lui dizon siei uezi | qu'en aisso es deconoissens, | que per amor de na Sansa, | estai caillors nois bobansa. R. de Mir. 30, Arch. 34, 195, c. 4. — 5. Om ses domneis no pot valer | plus que ses gra lespics. P. d'Alv. 15, M.W. I. 93, c. 8. — 6. Hom ses dona re no val. Matfre E., M.G. 1, 206. cf. Brev. 30136. — 7 No m'a sabor dona senes amor. G. Faid. 62, M.W. II. 91. c 7. — 8. Domna non pot ren valer | per riquessa ni per poder | se jois d'amor no la spira. Cerc. 3, Chr. 47, 32.

Allgewalt und Macht der Liebe werden hervorgehoben in den Sprichwörtern:

9. Amors uens e forsa totas gens. A. de Mar. 12, c 1. — 10. Amors apodera e vens | paubres e manens. Ad. de R. 3, c. 3. — 11. Es forsatz per fin amor coral | que forsals rics els paupres per engal. M. de M.

2, M. G. 398, 39. — 12. Paubres e rics fai amor d'aut paratge. B. de Vent. 42. 18, L. R. 331. — 13. Aysi pot leu far fin aman l amor del petit co del gran. Sordel 23, M.;G. 550 c.2. — 14. Noi ual repropchiers com sol dir per afortimen: Amors fai engal tota gen. D. de Prad.3, Arch.85,361,9. — 15. Als auctors ai ancse auzit dir, qu'en ben amar em quascus d'un poder. Perd.3, M.W.III. 69, 22. — 16. Ovides mostra chai | e l'ambladura o retrai | que non soana brun ni bai (amors). Uc Cat. 1, A. A. III. 99, c. 10. — 17. Ovidis retrays qu'entr'els corals amadors | non paratge i a ricors. A. de Mar. 19, M. W. I. 170, 28. — 18. Ovidy o retrai qu'amors per ricor non vai. Az. de P. l, M. W. III. 176, 21. — Almuc de C. 1, c. 2, Arch. 34, 403. — 19. Ges amors segon ricor non vai. B. de Vent. 10, M. W. I, 41, c.6. — 20. En Bernartz dis de Ventadorn: Amors segon ricor no vai. R. Vid., Chr.219,21. — 21. Amors eguet l'aignel (lo cerf D) el ors | ni per aver s'afrays. G. de Born. 20, Arch. 51, 5,c.5. — 22. Om non deu gardar en amor | gran parage ni gran richor, | qu'amors deu esser comunals | pois l'uns es ves l'autre lejals | quar fin amors pren a amic | tan tost lo paubre com lo ric | e val mais merces qe rasos | cn amor, co dis Salomos. P. de Capd. 9, 115. — cf. P. Vid. 11, 22. — P. del V. 1, c. 3. — 23. Maynthas vetz dreitz defen | so qu'amors cossen. Ad. de R. 3, c. 2, R.5, 2. — 24 Tos temps fo e tos temps er | que grans amors no te guaran. R. d'Aur. 19, M. G. 360,c.5. — 25. Oras en sai ben com es de fin aman | el senz non a poder contral talan. G. d'Uisel 3, Arch 32,402, c 4. — 26. Fin amors non obra segon sen | en nulha ren tan com segon talen. B. Carb. 83, Dkm. 23, 17 — cf. Gauc. Estaca, M. G. 1066, c. 3. — 27. Qui que en amor quer sen | selh non a sen ni mezura. B. de Vent. 16. M. W. I. 27. — 28. Lai on amor s'aten | val foudatz en loc de sen. P. R. de Tol., Chr. 87, 27. — 29. Foudatz uai entr'amadors per sen. R. de Mir. 31, Arch. 51, 244, c. 5. — 30. La foudat tenc a sen | que d'amor taing. G. Faid. 62, Arch. 33, 453, c.1. — 31. En amor non sec hom drecha via | qui gent no sap sen ab foldat despendre. Lamb. de B. 9, M. W. I. 68, c. 5.

Auf das Verhältnis der Liebenden unter einander, und zwar auf ihre Treue, Dienstfertigkeit, Geduld, Besorgnis, Verschwiegenheit beziehen sich:

32. El savis dis que cel qui be volria esser amatz ames be ses bauzia. P. Card. 4, M. W. III. 76, c. 5. — 33. Ben ama que si' amatz. B. Carb. 46, Dkm. 19, 8. — 34. Amors es com miega perduda | cant es trastota d'una part | ... e direus n'ay, si nous sap mal, | un repropchier que fort m'azauta c'ab la una ma lavon l'autra | et ambas los huelhs e la cara. A. d. E., R. 5, 21. — cf. B. de Vent. 30, 12, Arch. 33, 456. — 35. Era greu fis cors enves dos latz. G. de Born. 58, Arch. 33, 319, c. 3. — 36. Pos unam uolc dos, | mi non amet ni vos. G. de Born. 62, M. G. 947, c. 6. — 37. Hom non pot seruir dos senhors. ·Pujol 2, c. 3, M. G. 53. — 38. Amors no vens menassa ni bobans, mas | gens seruirs e precx e bona fes. Uc B. 4, M. W. III. 206, c. 2. — 39. Bon amor gazanh hom ab servir. R. de Berb. 3, M. W. III. 39, c. 7. — 40. Brau cor s'afranh qui gent lo sier humilmen. Uc de S. C. 3, M.G. 1145, c. 5. — 41. Qui ben ser sidons nos esmaia | ben es razos que joi l'en eschaia. G. d'Espaigna 14, c. 5, M.G. 563. — cf. Pist. 4, M. W. III 192, c. 3. — 42. Amors guazardona aquels se sieus. G. Riq. 54. 32. — 43. Fis amans deu gran tort perdonar | e gen sufrir maltrait per guazanhar. G. de Cab. 6, M. W. I, 109. — 44. Amicx, sufren merceyan | conqueron li fin aman. Alb. de Sest. 10, M. W. III. 181, 27. — 45. Cre me tu qe merseian, | aman, sirven et preian | conquer hom amia. A. de Peg. 16, c. 4. — 46. Amors dona lei |

quom l'autrui tort blan e mercei. G. de Born. 36, M. G. 838, c. 2. — 47.
Deziran deu hom d'amor jauzir. R. de Mir. 18, Chr. 153, 11. — 48. Ovidis ditz en un libre e no i men, | que per sufrir a hom d'amor son
grat. R. de Berb., R. 3, 456. — 49. Plus uencutz es cel qui s'afortis |
que cel que sap humilmen obezir | doncs ben es fols qui ab amor gerreia. D. de Prad. 17, M. G. 1052, c. 3. — 50. Si meteys destrigua | selh
quab amor guerreya. Sail de Scola 1, c. 3. — 51. Si m sai ieu d'amor
lo melhor sen | qu'om ja de re no s'en fezes iratz, | mas qu'om saubes
son mal sufrir em patz. Peirols 1, M. W. II. 19, c. 4. — 52. Amors
ab ira nos fay ges. P. Vid. 27, 29. — Matfre E., M. G, 1, 217. — 53.
No s taing q'om ab amor s'azir, | pauc gazagna drutz d'ira ples. Lemozi, M. W. III. 247, c. 3. — 54. Aug dir, canc nos iausic | drut d'amor
acelat | quis fezes trop cuchos | nis demostres celos. Perd. 10, Arch. 36,
447, c. 2. — 55. Vos sabes e trobes ho legent | que fort gilos es fora de
son sent. G. de Murs 5, 21, Meyer 291. — cf. P. de Barjac, Chr. 199, 1.
P. de C. 1, 43. — 56. Si ben amas, ben tems. Flam. 4105. — 57. Qui
non tem non ama coralmen. R. Jord. 11, M. G. 107, c. 1. — 58. Non ama
qui non es temeros. Peire Imber 1, c. 4, M. G. 750. — 59. Om non ama
finamen | senes gran temensa gaia. R d'Aur. 23, c. 7. — 60. Ades tem
hom vas so qu'ama falbir. B. de Vent. 1, 15, M. W. I. 16, c. 2. — 61.
Temer e celar. B. de B. 39, 31. — 62 Ap selar creys hom tot dia d'amor
ioy e bon saber. G. Riq. 40, M. W. IV. 252, 39. — 63. Selan tota uia
deu hom son joy conquerer. G. Riq., M. W. IV. 252, 29 — 64. Vers es
e sabez o que fis amics deu celar son corage. Guiraudo 1, c. 6. — 65. S.
mezeus tray qui d'amor retray. Rost. de Mergas 1, c 3. — cf. P. Vid
11, 20. — 66. Om deu so selar e cubrir | que non tanh vezer ni auzir.
Sordel 15, M. W. II. 252, c 6. — cf. Brev. 31893. — 67. Ni non |sab
d'amor ben jausir | qui non sab celar e sofrir | ni ja non sera benananz |
qui non es soffrenz e celanz. P. de C. 9. 235. — 68. Ieu say selar e
sufrir so que tanh a lial aman. A. de B. 15, M. G. 897, c. 5. — B. Carb.
3, c. 6, M. G. 1647. — 69. Ab celar et ab sufrir grat de midons conquerria.
G. Riq.33,20. — cf. Formit de Perpignan 1, F. 61, 1b. — Ralm. B. d'Arle 2,
F. 141, 20.

II. Freundschaft.

Das Sprichwort behandelt die Freundschaft von verschiedenen
Gesichtspunkten aus, es hebt ihren Wert hervor, legt die Pflichten der Freunde dar etc.

70. Do asforsas ha essa ma | qui pot aver amic certa. Sen., Dkm.200,
35. — 71. Om ditz que may val en cocha | amicx que aur e tor serrada.
A. d. E., R. 5, 22. — 72. Om ditz sa cort a clauza qui es en ben vezinat.
G. del Ol., Dkm. 36, 4. — 73. Amors ferma de dos bos companhos | es
pus ferma, e dis o Salomos, | c'amors corals. B. Carb. 15, M.W.III. 156,
41. — 74. Ieu sai e cre | mas ies non o dic per me | qu'als uerais amics
corals | non uai enan lor captals. G. de Born. 72, Arch. 51, 10, c. 6. —
75. Enans pot hom enemicx | aver cent qe docx amicx. An. 192, Arch.
50, 274. — 76. Ses pro tener amic tenc per engal | cum fatz mon enemic
que nom fai mal. B. de B. 21, 31. — cf. B. Carb. 34, Meyer 15. — 77.
Fis amics deu gardar per un cen | mais de sidonz quel sieu enantimen.
G. de Mont. 10, Arch. 34, 200, c 3. — 78. Auzit ay dir manta sazo /
c'amicx conquier qui val del sieu. G. del Ol. 6, Dkm. 35, 8. — 79. Ja
commanda razos | cel que ben fai deu ben trobar amis. P. Vid. II. 5.

(P. Milo 1). — 80. Qui ual a ualedors. G. Riq. 30, 45. — 81. Aisso es gran cortezia | qui salva que salvat sia. P. Card. 27, M. W. II. 201, c. 2. — 82. A far amic fay lonc demor | mas pueiss l'ama de tot ton cor. Sen., Dkm. 200, 15. — 83. Amicx y a et amicx. A. d. E., Mila 424. — 84. Aquel es vertadiers amicx | que t'esenha com te castix, | l'amic que te castia t'ama | aquel creis ton be e ta fama. Sen., Dkm. 201, 15. — 85. Qui ben ama ben castia | e qui conorta folor | vol, qu'om la fassa mejor. G. d'Uisel 13, Chr. 170, 17. — 86. Totz hom fai uas son amic engan / sil autreja so queil es malestan. G. d'Uisel 17, M. G. 696, c. 3. — cf. An. 136, Meyer 673, II. — Montan 1, R. 5, 267. — 87. Salomos nos es recomtans . . . | Sel que perdona sas viergas | per sert adzira sos efas. G. del Ol. 55, Dkm. 38, 7. — 88. Qui laycha l'efant a son vol, | can el es grans, vay asson dol. Sen., Dkm. 211, 36. — 89. El proverbis vai nos o referman que ditz | c'als hops conoys hom tota via son bon amic. B. Carb. 69, Dkm. 12, 2. — 90. Als obs conois hom amic | e paren, per ver t'o dic. G. del Ol. 62, Dkm. 33, 23. — 91. A la gran cocha conoicheras | si val tos amicx ni si l'as. Sen., Dkm. 200, 28. — 92. Bos amics en cocha par. A. d. E. R., 5, 24. — 93. Hom bos son bon companh | a sos grans ops non falh nil sofranh. J. Esteve 2, M. G. 195, c. 4. — 94. Fizel amic lun temps no fal | per paubrieyra ni per trebal | aquel amic tenc per estranh | que a la gran cocha sofranh. Sen., Dkm. 202, 5. — 95. Ja l'amic no er esprovatz | en benanansa ni en patz; | ni l'enemic nos selara | tantost com trebalat te veira. Sen., Dkm. 201, 28. — 96. Escrig o truep en Salomo | c'als grans gautz nos demostr'amic, | ni no si sela enemicx | als grans destricx. G. del Ol. 22, Dkm. 37, 20. — 97. Pro auras amicx, si pro as | si hiest paubres, sols remandas. Sen., Dkm. 202, 11.

III. Dienstverhältnis.

a. Vergeltung, Bestrafung, Belohnung, Erblichkeit des Charakters.

98. S'om a fach ben o mal | loguiers esper tot aital. G. del Ol. 61, Dkm. 43, 29. — 99. Los mals els bes son tug iutgat. D. de Prad. 12, c. 5, — 100. Vers es que tug l'ome que so, Fan mal que notz o ben que val. Et es razos que tug li mal Seran punit el be merit. Nat de Mons, M. W. III. 310, 7. — 101. Dieus non laissa mal a punir, paraula es vertadeira. B. Carb. 38, Dkm. 14, 26. — 102 Al meins a deu no s'en pot l'escobrir / cel c'a rescos nos garda de faillir. Perd. 4, Arch. 34, 446, c. 5. — 103. Greu pot falsa mesclaigna lonc tems tener dreita uia. Uc B.6, M.G. 984, c.4. — 104. Bes e mals cascun pareis | ja tan rescost nos fara. B. Carb. 29, Dkm. 5, 9. — 105. Hom di o for lo mon | quel fuecx nos fay tan preon / que lo fums non an fortz. B. Carb. 38, Dkm. 15, 4. (cf. Hs. N. 86a.: Feira tota via en tal loc | unt hom non ves lo fum del foc. An.). — 106. Per mal voler mal pren. Peirols 22, M. W. II, 22. — 107. Qui mal fait mal pren. P. de C. XXII, 13. — 108. L'evangelis ditz aquesta razo que, qui auci murir deu eyssamens. B. de Cast. 3, M. W. III. 137, c. 4. — 109. Aissius uencant cum uos m'auetz sobrat. R. de Vaq.12, M.G. 55,c. 7. — 110. Dretz es en leial fe c'aissi com hom compra venda. Uc de S. C.15, M.G.1139,c 2. — 111. Qui car compra car ven a segon la lei de piza. Marc.11, M.G.221,39. — 112. Quascus qui car compra car venda. Bern. Tortitz1,c 4. — cf. G. de Balaun1, M.W.III.41,c.4. — Bern. de la Fon, P.O. 395,c.6. — R. d'Aur.40,c.7. — Ralm. B. d'Arle3, F.144,18. — 113. Qui ben fai non es dreg qel car uenda. Alb. de Sest.12, M.G.785,c.3. — cf. Matfre E.8, Az.134,c.7. — 114. Guizardos rendre lai on seschai | es genta res e laida on s'estrai. Cad.17, M.G.75,c.5. — 115. Guizardos no fai hom de non

re | e quier l'a tort qui non a fag de que. Cad.10, M.W.III.64,c.3. — 116. Qui croi seru croi giçardon aten. Duran sartre de Carpentras1,c.5, M.G.105. — 117. Drutz que ama falsamen | deu per dreg jutgamen | aver fals guizardos. G. Faid.52, M.W.II.106,c.4. — 118. Se ditz, qui ben ser ben quer / e quils fals cre espera colps de fer. G. del Ol., Dkm.36,17. — 119. Qui ben guia ben n'aura bos gazardos. Bern. de Marvejols 1, M.W.III.269,c.4. — 120. De bos faitz ren deus bon gazardo. R. de Vaq.3, Chr.125,19. — 121. Auzit ai dir, qui ben sier ben guazardon aten. A. de Mar.3, M.W.l. 164,c.2. — 122. Bos senher ren bos guizardos | qui bel ser de voluntat gran. Cad.9, M.W.III.57,11. — 123. Per servir bon senhor humilmen | ai uist paubre venir ric e manen. El. Cair.6, M.W.III.90,c.5. — 124. Ab bon seignor nois pert rics guizardos. R. Jord.11, M.G.107,c.6. — 125. De servir a bon senhor pot hom venir a gran be. Raim. de C.3,1. — cf. R. Jordan 8,c.5u.c.7. — Granet3,c.2, M.G.1635. — R. de Cassalas 1,c.1. — G. de St. L.15,25,Meyer272. — Gauc. Estaca,M.G.1066,c.4. — B. de la Barta4, M.W.III.270,c.4. — Sen., Dkm.212,7. — G. Riq.25,41. — 126. De bon luec aven bos guazardos. P.R. de Tol.18, M.W.I.146,c.3. — 127. De servir tanh qu'om guazardon renda. Alb. de Sest.12, M.G.784,c.4. — 128. De servir tanh qualsque guazardos. B. de B.42,11. — 129. De servir taing calsque guizardos. F. de Mars.16,30,Arch.51,265. — 130. Seigner deu ses plus far per razon | al servidor del servir guizardon. B.Zorgi 14, M.G.665,7. — 131. Ausit ai dir, en Guibert, so sapchatz, | de lonc servir tanh gran melhuramen. Bert. Albaric 1,17, Meyer655. — 132. Devers es qui son jornal gazanha | que om lo'n pac, segon qu'el jorn servi. J. Esteve, M.W.III.259III., c.4. — 133. Semblaram degues guizardonar | qui volontiers pren servizes ganres. Bereng.Trobel1,19, Meyer514. — cf. Ugo de Pena 1,c.6. — Lamb. de Bonanel 8,c.4, Arch.33,449. — B.Calvo 11, M.W.III,6,3. — G. de Born 62, M.G.947,c.3. — G. de Berg. 3, M.G.165,c.5. — cf. 41. — 134. Qui ben fai tanh qu'en sia lauzatz. L. Cig.20.M.W.III.128,c.1. — 135. Totz dos deu esser merceiatz. B. de la Barta5, M.G.1765,c.1. — 136. Ieu cre dos deu esser mercejatz | o graszitz o guizerdonatz. G.P. de Gazals7, Arch.34,401, c.2. — 137. Beis taing tant es rics lo dos c'aitals sial guizerdos. F. de Mars.7, Arch.51,263,c.5. — 138. Qui ben fes bes l'era datz. Guill. Fabre1,c.4. — 139. Qui ben fera ben trobera. P. Card.42, M.G.941,c.30. — 140. Bens li deu venir qui ben s'agura. B. de la Barta4, M.W.III.275,c.1. — 141. Le reprouier cre que ditz, qui ben gerreia ben plaideia. R. de Vaq.13. M.G.55,13. — 142. Qui ben peing ben ven. M. de M.7, Ph.XIII. — 143. Qui ben pensa ben es sals. Alb. de Sest.1, M.G.183,c.2. — 144. Mais val, mais de ben l'en revert. G. de Berg.20, M.G.592,c.5. — 145. Per plus pretz plus pretz es compratz. P. Card.7, Chr.175,20. — 146. Ja solon dir el reprouier que cel que val mais e mielz pren. G. de Born.22, M.G.822,31. — cf. Ponz S. de Tholoza 1,c.5. — 147. Lo mouniers jutg'al moli: Qui ben lia ben desli. Marc.17, Chr.54,83. — 148. Bona fi fai qui ab bon arbre s lia. P. de la Garda 2, M.W.III.203,64. — 149. Bona fin fai qu'ab bon albres lia. G. del Ol.9, Dkm.36,17. — 150. Razos vol e dretz commanda | que qui semena que cuelha | qualsque semensa qu'espanda. P.Card.61,c.3, M.W.II.235,c.3. — 151. Qui vol cuillir arena | primeiramen la semena e qui semena en pena | quel cuelh en jauzimen. P. Card.27, M.W.II.200,c.7. — 152. Lor semensa frairina geta maluatz fruit qan grana. Marc.36,23, Arch.33,339. — 153. Bon pretz cuoil cel qui semena bonransa. A. de Peg.14, M.G.1181,c.6. — 154. Qui gaug semena plazer cuelh. Uc B.1, M.G.5,c.3. — 155. De mal fuelh non cuelh | hom leu bon frut | ni d'avol fag bon plag ! non sai retraire. P. Card.2 ,M.W.II.211,c.5. 156. Qui mal semena mal coill. B. d'Al.5,c.7(a[***]) — 157. Qui bon frug uol reculhir be semena | com mal semenan non er de ben ja ricx. Serveri 11, MG.778,c.1. — 158. Sil frug que semenas es bos | tu venras ha bonas meissos. Sen., Dkm.214,11. — 159. Onrat frug de bona semensa. P. de Mars.7, M.W.III.152,c.6. — cf. Guir. d'Espagna 12,c.4. — (Faure 1,c.6: Anc no vim tan malvat frug de tan bona semensa). 160. Al frug conoys hom lo fruchier | si com hom sent flor de rozier | al flairar ses tot lo uezer. P. Card.5, M.G.214,c.2. — 161. De bona razitz es bos arbres eissitz. P. Vid.3,13. — 162. Cors fals de falsa razitz. Guill. Godi 1,e.4. — 163. El vilanz ditz tras l'araire | bons fruitz eis de bon jardi | e d'avol caval rossi. Marc.17, Chr.54,35. — 164. Avol fils d'avol paire. Marc.17, Chr.54,37. — 165. So nos retrais Marcabrus de bon pair'eys bon efan | e crois del croi per semblan. G. del Ol.63, Dkm.27,24. — 166. De bon pair bon efan. A. de Peg.14, M.G.1881,c.6. — 167. Tota creatura revertis a sa natura. Marc.30, Chr.53,27. — 168. Non es ni fo ni sera que cadauna creatura / non reverte vas sa natura. B. Carb.51, Dkm.21,31 — 169. Sert es que criatura | ressembla a sa natura. G. del Ol.63 Dkm.27,28. — cf. R. G. de B. 9, Azais27,c.4. — 170. Ieu sai e totz lo mons ho ditz | qu'ades retra hom lai don es issitz. An.250, Revista d.f.r.I.39,55 — 171. Veramen bon sanc no men. B. Carb.63, Dkm.22,9. — 172. Ben pot hom dir qu'ancmais filhs de lhaupart no s mes en crotz a guiza de raynart. El. Cair.9, M.W.III. 92,c.2. — 173. El reproiers es vertatz: Del cal seignor tal mainada. Bertr. de la Tor 1, R.5,104. — 174. Auh dix mainta vegada: | De tal senhor tal mainada. Brev.34588. — 175. Quan lo caps dol, van li membr'afeblen. P. Santolh de Thol.1,c.4. — 176. Pert lo filz can mor lo paire. An.107,c.4.

b. Freigebigkeit, Milde, Barmherzigkeit.

Zusammengehalten mit denjenigen Sprichwörtern, welche den Herrn an den Lohn erinnern, möchten die folgenden fast ein unangenehmes Licht auf den Charakter der Dichter sowie ihrer Dichtungen werfen und fast den Anschein erregen, dass Belohnung und Geschenke ein Hauptzweck ihrer poetischen Thätigkeit sei. Peire de la Mula macht sich denn auch hierüber lustig: Arch.34,192ᵃ,c.2: *Aquil arlot truan vant cridan dui e dui: Datz me que bos joglars sui.* Diese Annahme mildert sich jedoch sehr, wenn wir berücksichtigen, dass meistens der Liebe Lohn erfleht oder um ein Unterpfand der Liebe angehalten wird, nur in einer geringeren Anzahl von Fällen aber der materielle Gewinn oder Vorteil von dem Dichter, der dann meistens wohl ein armer »joglar« war, im Auge gehabt wurde:

177. Non es hom en pres ses donar. R. Vid., Dkm.159,9. — cf. An. 239, F.184,26. — 178. Grans corts mantenguda ses donar res no val. P. Br.14, M.W.III.253,c.4. — 179. Donan sai que conquier rics hom pretz e fina valor. Esquileta 1, R.5,143. — 180. Anc per pro donars senes autras foudatz | rix hom no fon cochaz. G. de Born.75,c.2. — 181. Per donar es hom ancse | mais mantengutz e mais prezatz | e be uengutz on que sia. G. P. de Cazals7, Arch.34,401,c.2. — 182. Honratz es hom per despendre e pro lauzaz per donar | e blasmatz per uoler prendre | et encolpat per gardar | l'aver. G. de Born.38, M.G.844,c.1. — cf. B. Zorgi 15,c.4. — Gui 1, Arch.35,101. — 183. Trop vuelas mais donar que querre. Sen., Dkm.211,30. — 184. Mieills gazaigna e plus gen | qui dona q'aicel qui pren. F. de Mars.10,c.4, Arch. 51,263. — 185. Tolomeu det un bel iuiemen | qe

teng per seu zo q'il avia donat | e per perdut zo c'auia jostat. An.48,Arch.50, 276. — 186. Ieu auzi dir a mon aviol | que qui non dona so quel dol | maintas vetz non pren so que s vol. G. Fig.4, M.W.III.115,23. — 187. Qe uol non pren, qi non dona qe dol. An.219, Hs.F.211,14. — 188. Us cobes despen mais c'us larcs | motas ves e truep que sans Mercx | ajuda mais e sans Donatz | que dieu ni dretz ni amistatz | per que fai mal qui non ser e non dona | e non presta si cum razos faissona. B. Carb.94, Dkm.8,2. — 189. Auc hom escars non fo aventuros. B. del Pojet 2, M.W.III.284. — 190. Plus es francs, larcs e privatz, | fe qu'eu uos dei, | rics hom ab gerra que ab patz. B. de B.11,26. — 191. Grans gerra fai d'escars senhor larc. B. de B.29,3. — 192. Per gerra vey l'escars larc tornar | e per gerra vey tolre e donar. Blacasset 6, M.W.III.246,c.1. — 193. Grans guerra quant hom no i pot gandir | fai mal senhor vas los sieus afranquir. P. Card.4, M.W.III.76,c.2. — 194. Anta l'adutz e de pretz lo descarga | gerra cellui cui hom no'n troba franc. B. de B.29,25. — 195. Mais pretz om bon donador quan ses querre trai don avan. Uc de la B.1, M.W.III.213,c.4. — 196. Es major merces e plus francs dos | quant hom fai ben a paubre vergonhos | qu'a mains d'autres qu'an en querrer fianza. P. Vid.32,5. — 197. Assatz ual mais ez es plus saboros | qan ses querre es fach auinen dos. A. de Sest.12, M.G.785,c.3. — 198. Dobla ualors | es de far bens et honors | lai on mestier an | anz c'om quieira ni deman. G. de Poic.3, Arch.33,457,c.4. — 199. Cel qi ses qere uol donar | be fai lo dos mai mil tant aprezar, qu'ai ben vist ses qere far ric do | e dos qeritz merma lo meil del pro. G. de Born.50, M.G.869,c.4. — 200. Cel don ten hom plus car | quant es pres ses demandar | ses afan e ses atendre. G. de Born.38, M.G.844,c.3. — 201. Trop ual mais us pauc dos leu donaz | non fai uns grans, quant es sobretariatz. Palais 1,c.1. — 202. Quan le dos es trop tarzaz | perd s'en souen le dos el graz. G. de Born.51, M.G.862,c.5. — 203. Trop val meyns dos quant es trop tarzatz. L. Cig.21, M.W.III,125,c.4. — 204. Bella dompna ben sapchatz | qe mil tans ualria | us dos que hom fort uolria | sera tost donatz | que qui trop la tardaria | car cel qui dona viatz | fai sos gratz meilor. G. de Poic.3, Arch.33,457,c.5. — 205. Salomos dit ›odis mou tenso e charitatz cobre trastoz doleiz‹. Trad. de Bèda, Chr.234,84. — 206. Meils es que hom appelle ab charitat als chauls manjar que a vedel gras ab ira. Trad. de Bèda, L.R.II.358. — 207. En cort de rei deu hom trobar drechura | et en glesa merce e chausimen | e franc perdon de mortal faillimen | segon los ditz de la sainta escriptura. B. de la Barta 4, M.W.III. 270,c.2. — 208. Dretz es qui merce crida | que trueb de son mal mescina. P. R. de Tol.12, M.G.792,c.5. — 209. Hom forfaitz, qan s'omelia | deu trobar merce, sis chastia. Uc de S.C.4, M.G.1147,c.4. — 210. Servirs non val lai on dreitz non plaideia | ni plaideiars lai on merces sordeia. B. Zorgi 14, M.G.665,c.6. — 211. Merce deu trobar preyan | tot fin aman. G. Evesques 1,c.3. — 212. Razos destrui, razos bat, razos pen | per que val pauc razos ses chausimen. P. de C.XIX.35. — 213. Ben conosc e sai | que merces vol so que razos dechai. F. de Mars.18, M.W.I.319,35. — 214. So que razo creys merces vai merman. A. de Peg.27, M.W.II.160,c.4. — 215. Mantas vetz jutg razos a mort | que merces perdona lo tort. A. de Mar., M.W.I.173,XX, 32. — 216. Als vencedors es honors que merce los vensa. G. de Poic.14, M.W.III.216,c.1. — 217. Qui vencut vens noi fai gran esfortz. R. Jord.6, M.G.81,c.1. — cf. Alegret 1,c.2, M.G.18. — 218. Ben pauc fai d'ardimen | qui contral uencut s'en pren. Bereng. de Palazol 9,c.4. — 219. Val en meins, so cre | bars qui dechai aquo, que vencut ve. P. de C.XII,7. — 220. Totz homs deu far perdonamen. B. Carb.24.u.58, Dkm.17,81. — 221. Quan lo ricx sos menors acuelh gen | dobla son pretz el creys mals de lauzors.

P. R. de Tol.16, M.W.I,136,c.4. — 222. Qui es leials servidors de bon cor enuers son seignor, deu ben per dreit trobar merces. Lamb. de B.8,c.6. — 223. Lai on es beutatz et pretz ualens | non deu faillir merces ni chauzimens | ni guizardo de fin joi ses duptansa. G. Faid.57, M.G.100,c.4.

c. Undank.

224. Soven de pan e de vi | noiris rics hom mal vezi | e sil tengues de mal aire | segurs es de mal mati | si noi met lo gazaignaire | don lo reproviers eissi. Marc.17, Chr.54,27. — 225. Pietz fai per semblan e maior desconoissenza | sel que uai trichan cellui quel serv. Bereng.dePalazol 9,c.3. — 226. Quil sieu destrui que noi fai grand esfortz. R.Jord.6, M.G 81,c.3. — 227. Qui ls sieus meteis vens | no m par sia ges grans afortimens. P.R.deTol.15. M.W.I.145,24. — 228. Tort fai | quil sieu dechai. R.deMir.33, Arch.51,244,c.3. — 229. Fai peccat quil sieu costrenh ses maleg. B.dePrad.3,c.2. — 230. Peccat fai qui mermal sieu. B.dePrad.3,c.5. — 231. Non es benestan qu'hom eys los sieus ausia. Blacatz 6, M.W.II.136,c.2. 232. Parra us rams de feunia quil sieu franc hom lial murir fay. El.de Barj.8, M.G.1024,c.5. — 233. Om non deu enrequir lo seu e pois l'ausia. P.deC.IV,17. — 234. Blasm'es, dona, qui ls sieus ausi de dieu e dels pus connoissens. A.d.E., R.5,23. — 235. Dompna qe aucit lo seu | a escien non vei pueis deu | e ço es ben veritatz pura | ke trobem en sainta scritura. P.deC.9.193. — 236. Qui non dona | ni perdona | als sieus ni ten pas | mal meyssona. P.Card.10, M.G.760,c.2. — 237. Anc hom que greues lo sieus non fo noi perdes. G.dePoic.6, Arch.33,458,c.5. — 238. Er greu que non dechaia | quils sieus destru ni esmaia. P.Br.2, M.G.917,c.2. — 239. Quils sieus desenansa | el desenan pren mermansa | part lo blasme quel naten. El.deBarj.11, M.G.945,c.2. — 240. Ben mel dison tuit li saui del mon, que cel al dan cui es la seignoria. Gr.deCal.9, M.G.286,c.3. — 241. Si mor vostre er lo dampnatie. An.56,6. — 242. Ben es paraula conoguda, que trop servirs tol guizardo. D.dePrad.13, M.G.1044,25. — 243. Mai ualria mortz que vius | qui pert sa bona sazo serven, quant selh l'es esquius | de qui aten guazardo. G Riq.8,19. — 244. Servir longamen en perdon | ten hom per pietz que ren c'auja ni ueia. B. Zorgi 14, M.G.665,c.2. — 245. Amar ses pro non es frugz que engrais. G.deBerg.16,c.4, M.G.167. — 246. Mala serf cel que grat non a. B.dePrad., Dkm.142,4. — 247. Om honra mal aisel don non a cura. G.Faid.52,c.5, M.W.II.89. — 248. Servirs ses guazardo crei que captals en sofranha. P.Vid.15,27. — 249. Es jois frevolitz e sems | quan de servizi non ven gratz | cellui que nes mout treballatz. G.deBorn. 25, M.G.823. — 250. Servirs mal gazardonatz | aicel quel pren es grans peccatz, | que per mal gazardonador | son paubre maint bo servidor. P.Vid.24,45. — 251. Trop servirs ten dan maintas sazos | que son amic en pert hom, so aug dire. F.deMars.1, Arch.51,264,c.2. — 252. Es m'avengut so c'ai auzit que dis en Folqetz l'amoros: Trop servirs. . . . R.Vid., Chr. 224,34. — 253. Pert son temps sel que vol envelhir | am seinhorieu don bens nol pot venir. Beren.Trobel 1,7, Meyer 513. — 254. Sens es e grans valors | qui de brau senhor felo | se lonha ses mal resso. P.Vid.16,28. — 255. Assatz fai qui de mal seingnoratge | si sap partir e longnar bonamen. P.deC.3,23. — 256. Es fols qui nos desuia | de so don nos pot iauzir. El.deBarj.8, M.G.1076,c.1. — 257. Mot fai gran folia | qui trop am en perdos. P.de C.XXII.25.

IV. Fleiss, Anstrengung, Beharrlichkeit, Mut, Furcht, Trägheit.

258. Ap gens seruir ai uist mains aturs far. El.Cair.5,c.6. — 259. Bos servirs mi deu ualer. Lamb.deB.3,c.5, Arch.33,449. — 260. Ab bon esfors conquer hom manentia. Arn.P.d'Agange 1,c.3, M.G.1082. — 261. Bos esfortz malastre vens. G.Ad.1, M.W.III.188,14. — 262. No sui doptos / que bos esfortz nom sia pros. B.dePrad.1, Dkm.142,17. — 263. Per esfortz son maint home estort, que autramen foran uencut e mort. B deB. 6,23. — 264. Ab ben ferir vens hom leu maisnada. Tomers e Palaisis1,c.3, Hs.D[a] 198[b]. — 265. Ab trebalh et ab larguetat conquier reis pretz el guazanha. B.deB.14,71. — 266. Senes trebalh no mante hom proeza. J.Esteve 2, M.G.195,c.2. — 267. Greu conquer hom ses afan. Peire deValeira1, F.169. — 268. Anc ses afan ric gazaing non vi faire. P.deC.4.101,80. — 269. Sols aural prez que sols sofre l'afan. B.deB.4,7u.17,21. — 270. Adura ben aquel ti ve | adura mal fai atertal. Flam.2063. — 271. Ben sai e conosc veramen | que vers es so quel vilas di | que nuils hom qu'es dins son aizi | trobe tot so que vai queren | e s'anc non ac malananza | non sap que s'es benestansa. R.deVaq.8, M.W.I.384,c.1. — 272. Fams met en vianda sabor | e trebal fay lo lieyt milor | al sadol es bresca amara el famolent de re nos gara. Sen., Dkm.210,33. — 273. Cert sapchatz que grans repaus | es de foldat razitz e claus. Brev.34008. — 274. Mal temps fai reconnoisser dieu | e bel temps engenra vaneza. G.delOl.38, Dkm.39,10. — 275. Proat lo ai, sai que bos es affanz et esforz de servir per respeg de iauzir | et ioi nal mil dos tanz qes conquis ab affan | quel autre ioi non fan. Cad.3, M.G.274,c.4. — 276. Plus cars auers | dona sofrira ses temers. G.deBorn.29,16. — 277. Cum plus es desiratz grans iais | mais ual e quant plus traina. P.Br.7, M.G.567,c.3. — 278. Ieu uei q'us tarzats bes fai plus cor esgauzir. G.deBorn.68, Arch.33,326,c.2. — 279. Tot so c'om ten meillor | es a conquerre peior. Cad.22, M.G.94,c.4 — cf. Rost. B.deMarseilla3,17, Meyer498. — 280. Ab espaven quer hom ric don. P.B. deTol.18, M.W.I.146. — cf. G.d'Uisel 8, M.W.III,44. — 281. Ieu ai ben trobat legen | quel gota d'aigua que chai | fer en un loc tan soven | que trauca la peira dura. R.deVent.16, M.W.I.26,36. — 282. La gota si tot s'es pauca | can catz soven, la peyra trauca. Sen., Dkm.211,20. — 283. Per pujar en honor porta mants cilicis. G.de Cerv., Chr.305,29. — 284. Vay perezos a la formiga | que d'ajustar lo blat non triga. Sen., Dkm.210.31. — 285. Qui dorm l'estiu l'ivern no mol, | joves qui col, viels vay a dol. Sen., Dkm.212,9. -- 286. Estieus paiss yverns el socor | e jovent deu paicher vilor. Sen., Dkm.211.10. — 287. Qui en son jovent | ben non aprent / non er ja enseinhatz | can sera viels. B.Carb.14,10, Meyer471. — 288. Lo nualos langueiss en pansan | el pros sojorna en trebalan. Sen., Dkm. 213,24. — 289. En la vinha del noalos | creisso espinas e cardos. Sen., Dkm.210,28. — 290. Lo nualos vay leu casen | et en sa maiso plou soven. Sen., Dkm.212,3. — 291. Greu conquer hom ben terra en dormen. B. de B.18,40. — 292. Al flac jelos cug dir mat ses tot roc. Blacasset6, M.W. III,246,c.6. — cf. R.de C5, P.O.278,c.6. — 293. Anc a volpil dormen | non intret grils en boca ni en den. El.Cair.6, M.W.III.90,c.6. — 294. Coutel s'ieu no l'afil | non uol saillar al fozil. Oste1,c.6. — 295. Greu ab cor uolage | fai hom ren don sia lauzaz. G.de Born.51, M.G.862,c.3. — 296. Bem deuria sovenir | so quelbam ditz en rizen | que nulhs hom ses ardimen | non pot guaire conquerir. Uc B.2, M.G.747,33. — 297. Qui trop

sojorna e col | son cors greu pretz auer sol. An.219, F.211,11. — 298. Nulhs hom non es ren presatz | tro qu'a mains colps pres e donatz. B. de B.I,29. — 299. Joves cui guerra non pais | n'esdeven leu flacs e savais. B.de B.2,34. — 300. Mais uos ualgron qe la lanza li esperon, zo auc dire. F.de Rom.9, Arch.34,412. — cf. G.de Born 75,c 5. — 301. Los esperos mais lan valgut a sazos que lança ni branz. Lantelmet del Aiguillon,c.4. — 302. Elh sapcha de se | ques anc nuls rix maluatz | non fon per dieu saluatz. G.de Born.75,c.3. — 303. Una vetz me dis | que pros hom s'afortis | e malvatz s'espaventa. B.deVent.37,Chr.61,9. — 304. Sel que per vergonha s mor | e per temensa de parlar | no l deuria dieus perdonar. A.d.E., R.5.22. — 305. Pauc val temers. Gavauda 5,c.7. — 306. Anctos es tos que trop pert per temer. P.Card.6, M.W.II.214. — cf. Arnt.de Tintignac 1,c.5. M.G.968. — 307. Auzit ai dir que mal fai qui s'esmaya. Peirols 4,28, M.W.II,10. — 308. Es fols qui s'esmaia | e qui no sen essaia. A.de Sest.2, Arch.51,250,c.2. — 309. Cresetz lo reprovier | qu'om noncas ni abat nie fier | qui no s'esai¹). P.de C.IX,29. — 310. Ieu aug a maintos dizer / quel mon es qui l'a cometer | si non de menassa se tem²). B.Calvo 17, M.G.619,c.2. — 311. Nos fadia qui pren. G.Faid.44,18, M.W.II.99. — 312. Qui no troba no tria | e qui pren nos fadia. Peirols 6, M.W.II.12,7. — 313. Ben sab hom al meilor d'amar | aqel qe pren o aqel qes fadia. Rain. de Pons 1, c.6, Arch.32,412. — 314. Si ben queretz trobaretz. Brev. 29273. — 315. Ric joy e gran ai trobat, | com deu avenir qui l'anes queren. G.de St. L.15, Meyer272,19. — 316. Dic us tot lan | e ben agieu e ben njatz | e ben auretz | si ben sercatz. Bertr. de Tot lo mon 2,c.4. — cf. B. Carb.2,c.2. — 317. Leu troba qui pesca en estanc. Guill.de Durfort 1,c.1. — 318. Tart pren qui non cassa. G.del Ol.71, Dkm.42.10. — 319. Qui ben comensa | razos es que uenssa. Trobaire de Villa Arnaut 2,c.5. — 320. La meitat del fait tenc per faita | qui de be comensar se traita. Sen., Dkm.214,5. — 321. Ja non er acabatz nuls fagz | tro sia comensatz. G. de Born.51, M.W.I.185,49. — 322. En tot bon comensamen | deu aver melhor fenimen. G.Magret 3, M.W.III.242,c.4. — 323. El voluntatz val lo faitz mantas ves. B.Carb.66, Dkm.71. — 324. Toz temps aug dir q'uns jois altre n'adutz. P.R.de Tol.16, Arch.35,421. — 325. Vos sabetz, dona gentil clara, que us plazers autre n'adutz. A.d.E., R.V.21. — 326. Bos comensamens mostra bona via | qui no s'en cambia. P. Vid.19,36. — 327. Anc si uens quis recre³). Peirols 27, M.W.II.26,c.6. — 328. Uei que pretz l'agensa | qui ben fenis ni comensa, | mas quis recre ni s'estrai | si mezeis dechai. G.deLuc. 2,c.2, Arch 34,189. — 329. Eu dic lo ver aissi cum dir lo solh | Qui ben comens e poissas s'en recre | melhs li fora que non comenses re. P.Vid.37,34. — 330. Tals usansa es bes estars | qe pieitz o fac totz hom que s'en estraia | pois o comens que cel que nois n'asaia. R.de Mir.19, M.G.1094,c.1. — 331. Qui laissa so q'ua ben comensat | non a bon pretz per aquo qu'es passat. G.d'Uisel 19, M.W.III.48,c.4 u. R.Vid.

---

1) Unser Text ersetzt »non chai« bei Napolski durch ein »noncas« der Hs. M.
2) »Die Welt gehört dem, der sie angreifen wird und sich nicht vor Drohungen fürchtet.« Analog ist ein italienisches Sprichwort, welches Bonifaci Calvo, da er ja Italiener ist, geläufig gewesen sein mag: Il mondo è di chi lo piglia. Obiger Text ist eine allerdings sehr freie Interpretation des unverständlichen Textes der Hs. I.
3) Der Text bei Mahn ist unklar, die Uebersetzung etwa: »Sich selbst besiegt, wer abfällt«.

M.G.2, pg.27. — 332. Greus es trop longa entendensa | e mal com lais so que comensa. Uc de S.C.24, Arch.34,185,c.6. — cf. B.Carb.27, Dkm.17,18.
— 333. Lo reprouers es fis e uers | co que dons dona e plora sers | las lacrimas deuon perir. Marc.23,c.5, A.A.VII.98. 334. Precs de domna no dura mas un dia. Uc de la B.1, M.W.III.212,c.3. — 335. Si deu suenh donar qui ben comensa | qu'el comens'ab la fin | ai' acordansa | qu'el comensars es honors | quant a la fin siec lauzors . . . el lauzors es en la fis | dels ben ditz e dels faits fis. P.Card.44, M.W.II,228,c.1. — 336. Es del tot soma en be fenir | e ben fenis qui ben vieu ses mentir. G. del Ol.43, Dkm.47,19. — 337. Nostre savis dis segon fi val comensamens | mas no fis segon comensar. Serveri, Suchier Dkm.270,527. — 338. Lo savis me di qe ges al meil tenzar | no deu home lauzar | per son gen escremir | ni per colps grans | quel pretz pren al fenir. G. de Born.45,c.6, M.G.849. — 339. Comensar pot hom leuiairamen | mas a la fi son tug bo fag paruen. El. de Barj.10, M.G.1081,c.4. — 340. So qu'a gent comensat a cap traia | quar en la fin canton lauzor veraia. L.Cig.20, M.W.III,128,25. — 341. De totz faitz cossira la fi. Sen., Dkm.194,27. — 342. La fi jugga les mals els bos | quel comensament es doptos. Sen., Dkm.194,37 u. 209,3. — 343. leu deg mais la bona fin grazir | quar totz bos faitz aug lauzar al fenir. B.de Vent.1, M.W.I.16,7. — 344. Totz hom qui ben comensa e ben fenis | lonha de si blasm'e ven lauzor. G. Fig.7, M.W.III.114,1. — 345. Qui dreich sec dieus tot beu li cossen | o tart o temps siuals al finimen. G.de Mont.10, Arch. 34,200,c.4. — 346. Al partir n'a tot lo pretz e lonor. P.Br.21, Arch.34,169,4. — 347. Ni nulha hom so qu'es a far | non deuria per fag comtar. G.del Ol.65,Dkm.46,33. — 348. De far l'obra son trop li dictator | de drechura e pauc li fazedor. G. Riq.45,57. 349. En digz non es bos pretz saubutz | mas als fagz es reconogutz | e pels fags ven lo dir apres. R.d'Aur.34, M.W.I.73,19. — 350. Ges per lo diz non er bon pretz sabuz | mais a li faiz es hom reconogutz. An.133, Arch.50,279. — 351. Als faitz conoiss hom be las gens | que las peraulas so nientz. Sen., Dkm. 203,13. — 352. Als faitz conoicheras las gens | que las paraulas van mentens. Sen., Dkm.200,29. — 353. Tuit maistre son chauzit al labor. B.Zorgi 8, M.G.574,c.6. — 354. Non es maiestres bos | per sol dictar appellatz | sils faitz non fa cabalos. G. Riq.30,21. — 355. Paraula qui frug non porta | a si ni ad autre es morta. G.del Ol.27, Dkm.40,20. — 356. Ab gienh ni ab saber | no pot hom pretz retener | si ab faitz no ls fai o no ls creys. Cad.6, M.W.III.66, c.3. — 357. Val mais si faitz que si pessatz. Uc B.3, M.W.III.209,c.5. — 358. Non cug qu'a la mort | negus plus en port aver ni arney | mas los faitz que fey. P.Card.40, M.W. II.194,c.6. — 359. Auzit ai retraire | qu'uns temps er, ço m'es vezaire | que il or fin e il gris e l vaire | n'irant ab lo fum tot un. Uguet, Milà 323. — 360. Dant pren hom mantas ves en cujar. Bereng.Trobel 1,10, Meyer 513. — 361. Selh tenc per fol quen trop cuydar satura. Peire Espanol 3,c.2.

V. Glück, Glückswechsel, Hoffnung, Geduld.

Der grössere Teil der hierher gehörigen Sprichwörter hat die Unbeständigkeit des Glückes zum Gegenstande, sie warnen also mehr vor ihm als einem bösen Kobolt und nur sehr wenige reden Gutes vom Glück.

362. Astruc ni malastruc non cal mati levar. G.del Ol.19, Dkm.29,27.
— 363. S'en van dizen c'astruc no cal mati levar. R.Vid., Dkm.176,5. —

364. Dis li prouerbis plans | qe fai son pron non eresa sos mans. An., Arch. 50,274, N.90,7. — 365. No s mova qui ben estai. Peirols 9,33, M.W.II.4 u. An.77, Arch.36,380. — 366. Qui no s mov a pauc d'envazidor. L.Cig.23, M.W.III.125,c 3 — 367. No t'afizas en auentura | que trop es falsa et escura. Sen., Dkm.194,24. — 367a. En pauc d'ora se camja l'aventura. G.Fig., Lévy 14, pg.64. — 368. Aver vengut cochadament | sol viat tornar a nient. Sen., Dkm.211,34. — 369. Leu despen qui de leu a gazan. G.Faid. 35, M.W.II.108,c.4 — 370. Tuh dizo, can seschai | De mal venc e en mal s'envai ; e de mal gazanhatz deniers | nois gauzis lo tertz eretiers. Brev.33042. — 371. Ieu perc cant degra guazanhar. G.del Ol.6, Dkm.35,11. — 372. Qui pert so que guazanhar poiria | per bon dreg a viutat carestia. P.Card.67, M.W.II.196,c.2. — 373. Tals se cuia calfar que s'art. P.Card. 11, M.W.II.210,5. — 374. Mantas vetz qui s cuida calfar s'art. El.Cair.9, M.W.III.29,32. — 375. Eras sai be que vers es | tal se cuia calfar que s'art. A.de Mar.11, M.W.I.173,34. — 376. Vers es l'eixemples de Rainart / tal se cuida chalfar, qi s'art. P.de C.9,164. — 377. Vers es lo reprochiers c'om di, ¡ tal se cuia calfar que s'art. A.d.E., R.5,20. — 378. Om dil repropchier que uers es | Aital cuia penre qu'es pres. A d.E., Milá422,24. — 379. I dous esguard m'es com la bella flors ¡ qu'apres lo frug amarcis las sabors. J.Bonels 1, M.W. III. 311,c.4. — 380. Ab grant joi mou mantas ves e comensa | ço, don om puoiss a dolor e consire. B.de Vent., Dkm.137,29. — 381. Segon la mia esmansa | hom non deu la dia lauzar / en tro qua ven a le uespar. Vesc.de Torena 1,c.4, M.G.116. — 382. Quan cug poiar, l'om ave a deissendre. P.de la Garda 5, M.W.III.202,26. — cf. G.Faid.19,c.4. — 384. On hom plus aut es pueiatz | mais pot en bas chazer. B. Zorgi 12, M.W.III.12,c.1. — 385. Hom on plus aut es puiatz / plus bas chai, si s laissa chazer. P.Rogiers 17, M.W.I.124. — 386. On plus d'aut chai pretz plus fraig e pesseia. A.de Peg.21, M.G.1173,c.3. — 387. Vida e pretz qu'om ve de folha gen, ¡ on plus aut son, cazon leugeiramen. F.de Mars.15, M.W.I.326,56. — 388. Garda ti on pus aut seras / que major colps cairas si cas. Sen., Dkm.197,2. — 389. On plus aut son puiatz en las honors | cazon plus bas ab pena et ab plors | el fons d'infern. P.Card.69, M.W.II.237,c.4. — 390. Afor de balansa | qu'on plus aut si lansa | plus bas chai son cors. P.Card.10, M.G.760,c.5. — cf. Morgue de Toyssan 2,c.3. — 391. La cima deuers la raiz. Uc Cat.1,c,7, A.A.VII.99. — 392. La raizitz tornes cima. El.Cair.4, Arch.33,444,c.2. — 393. L'aygua pueia contra mon | ab fum ab niul et ab uen | et on plus aut es dissen. G.Magret 1, M.G.601,c.1. — cf. F.de Mars.20, M.W.I.324,c.5. — 394. Cel qui ten en sa baillia | castel a maing demandador | del perdre deu aver paor. Uc de S.C.4, M.G.1147,c.5. — 395. Cel que mais a plus s'esmaia. P.d'Alv. 6, Arch.51,8,c.5. — 396. Aug dir e contendre | Qui ren non a ren non pot perdre. Lamb.de B.5, Muss. 444,c 1. — 397. Hom peitz no pot dechazer | ni degeitz no pot meins valer. P.Vid.29,79. — 398. Mas qui pueia pus que non deu dissen. A. de Peg. 39, M.G.1001,c.2. — 399. Qui trop poia bas dissen. F.de Mars.5, Arch.51,267,7. — 400. Totz trop son mal (401.) qieu sai lo ver ¡ del aut montar on cascus gron. G.Faid.56, M.G.446,c.3. — 402. Trop mi sui aut mes | per qu'ieu tem bas cazer. R.de Vaq.20, M.W. I.372,c.5. — 403. M fai d'aut en bas chazer. R.de Vaq.24, M.W.I.377,2. — (Dieselbe Redensart: Gavauda 11.c.3. — Peire de la Mula 2, Arch. 34, 192. — J.Esteve 3, M.G.749,c.5. — Guill.Godi 1,c.2. — Jacme Motc 1,48, Meyer 463. — Uc de S.C.5,c.1. — P. de Buss.2, M.W.III. 280,c.3. — B.Carb. 53, Meyer 516.) — 404. Qi es hui poderos e s'asaiz | denan ben leu pot esser sotraiz. An. 211, Arch.50,274, N.91,56. — 405. Segon que cors naturals | amerma l'us el autre creys. G.del Ol.1, Dkm.39,4. — 406. So que l'us pueia l'autre

dissen. A.de Peg.27, M.W.II.160,c.4. — 407. So qu'als us platz als autres es salvatge. P.Card.49, M.W.II.197,c.6. — 408. Ai auzit dir manta sazo que l'autrui dol badalha so. A.d.E., R.5,22. — 409. Autrui dol albadalbas son. Flam.2199. — 410. Atressi ve homs paures en auteza | com lo ricx chay d'aut en bas motas vetz. B.Carb.26, Dkm.14,10. — 411. De ben aut poit hom bais cazer | e de bais poizar contra mon. An.74, Arch.50,281,N.144,1. — 412. Tals quida hom que perda que gazeingna. Paul L.deP.1, Arch.50,279. N.126,11. — cf. Perd., M.W.III.70,c.4. — Cad.22, M.G.94,c.3. — 413. En pauc d'ora camia 1 baillon. G.del Baus, M.W.III.315,c.5. — 414. En petit d'ora ue grans bes, | si es qui lenqueira nil deman. Arn.de Tintinhac 2,c.2, M.G.598. — 415. Dieus don em pauc d'ora gran be. P.Br.7, M.G.567,c.4. — 416. Em petit d'ora deus laora. Flam.5137. — 417. Al reprochier m'acort qu'ai auzit dels ancessors | qu'a temps venson vensedors | e per temps e per sazo | vencut fan gran vensezo. P.Vid.16,36. — 418. Greu a hom gran ben ses dolor ; mas ades vens lo jois lo plor. P.d'Alv.4,M.W. I.102,9. — 419. Apres los mals uen los bes. El.Cair.14, Arch.33,442,c.2. — 420. Aprop lo mal m'en venra bes ben tost. Cerc.4, Jahrb.I.92,47. — 421. Aprop lo mal naura ben tota via. Rainaut de Pons 1,c.5, Arch.32, 412. — 422. Vist far apres escur temps ben clar. Milo 6,c.5. — 423. Apres la plueia fara bel so ditz hom salvatjes. A.d.E., R.5,22. — 424. Mout fai gran uilanage | qui trop lieu s'espaventa | qaprop lo brun aurage | uei qil douss'aura uenta. R.de Vaq.27,33, M.G.712. — cf. Grt.de Quintinhac1, Brev.33596. — B.de Vent.2,40 — B.de B.9,10, — 425. Om vai dizen: | Ben fenis qui mal comensa. F.de Mars.10, Arch.51,263,40. — 426. Eu aug dire qu'om savis a sazos | conquier manhs bes soven ab esperansa. P.R.de Tol. 18, Arch 35,421,c.3. — 427. Ben es dreitz que longamen | esper hom gran jauzimen. G.de Born.42, M.G.848,c.9. — 428. Ben esperans guazanha. G. de Born.7, M.G.689,13. — 429. Ben esperan uen hom a salvamen. R. Jord. 11, M.G.107,c.4. - - 430. Per bon esper enrequis paubr'om manta uia. P. Milo 9, M.G.238,21. — 431. Greu er cortes hom que d'amor se desesper. Cerc.4, Jahrb.I,92,55. — 432. No tanh quom se desesper. A.de Belenoy 13, M.G.995.c.2. — 433. Per nuill affar desesperar hom nois deuria. El.Cair.10, Arch.51,249,c.4. — 434. Cel que long' atendensa | blasma fai gran fallizo | qu'er an Artus li Breto | on avian lor plevensa. P.Vid., Chr.109.13. — 435. Proar uoill s'om conquer qui aten. G.de Cal.7, M.G.719,c.2. — 436. Atenden fai pros hom rica conquesta. A.Dan.17, Arch.51,140,c.7. — 437. Ai uist fort chast pres per atendre | e mains bos uassals conquist. G.de Biarn 1, c.2. — 438. Ieu ai vist per bon atendre conquerer. Bertran 2,c.3 u.c.5. — 439. Uist ai e trobat en ma sort | que d'agre potz doussor gitar ab breu ora. R.de Vaq.21,c.3. — 440. Esperan vei la flors venir frug. F.de Mars.14, M.W.I.318,c.5. — 441. Pus l'espigu'es issida | balaia lonc temps lo gras. B.de Vent.30, M.G.709,c.7. — 442. Maistre, fosca la brosta | nos pareis al test novel. Cerc., Rom.VIII.126. — 443. Ja sabetz vos que mal trai qui aten A.de Sest.18, Arch.33,446,c.4. — 444. Li reprochier quel saui ditz enten | qu'onor e pretz conquer hom mal trazen El.de Barj. 10, M.G.1081,9. — 445. Senher, ab maltraire conquer hom guirensa. G.Riq. 59,32. — 446. Ai sen de Cato | qu'ab gent sufrir dei sobrar | mon amic s'iratz mi par | qu'aissi torna 1 fuecz en cendre. Bern.de la Fon, P. 0.395,c.4. — 447. Mot l'es obs sacha sofrir | qui vol a gran honor venir. A.de Mar., M.W.I.174.XXI.30. — 448. Aicel reproviers me ditz ver certamens | a bon coratg'e bon poder qui's ben sufrens. Guil.IX.11, M.W. I.8,VII,15 — 449. Quis pot soffrir | ia sia sauis e membratz. G.de Born.56, M.G.875,c.2. — 450. Tostemps bos sofrires uens. G.de Born.3, M.G.817,c.3. — 451. Ço dis li gens anciana | qu'ab sofrir uenz savis fol. J.Rudel 5,

St.II.44. — 452. Ab sofrir vens hom tot dia | e'n son mant paubre manen. G.Faid.44,16, M.W.II.99. — 453. Snfrez e venceres los. D.de Prad.10, M.W. III.23·3,c.3. — 454. Cilh venceran que mielhs sofriran. R.Vid., Dkm.150,6. — 455. Per esforz venson li bon sofren. P.Vid.4,82. — 456. Conue si nonca nai re | quesper o uenssa soffren. G.de Born.42, c.6, M.G.847. — 457. Per sofrir son mant orgoilh basat | e per sofrir son mant ric joi donat | e per sofrir uençon liau sen gador | que onidis diz elibre qe non ment | que per sofrir a hom d'amor son grat | e per sofrir son mant tort mendat, | e sofrirs fai maint hom onrat iausen. Gr.de Cal.10, Arch.35, 435,c.5. — Cf.48ff.

Wenig entsprechen dem Charakter des heissblütigen Südländers die Ansichten, die seine Sprichwörter über Hoffen, Geduld bei Ertragung der Mühsale des Lebens etc. entwickeln. Man muss annehmen, dass gegen die in diesen Sprichwörtern ausgesprochenen Lehren am meisten gesündigt wurde, weshalb das Sprichwort dieselben um so nachdrücklicher zu verteidigen sich berufen fühlte. Wie uns das Sprichwort nicht genug Geduld einschärfen kann, so kann es auch nicht genug vor Ungeduld, Uebereilung und Zorn warnen:

458. Hom deu gardar, som pes, | ans que comens fag honrat. G.Riq. 9,10. — 459. En totz fatz deu gardar totz homs bos auz quel fassa. G.de Mont.13,c.2. — 460. Savis homs cant vol enpendre | grans fatz ans del comensar deu gardar luocs ez atendre. B.Carb.79,1, Meyer 473. — cf. G. de Born 29,8, Revue d.l.r.1884.1,209. — 461. Savis que a pro vist e proat, sap pro cossirar can li scat. Sen, Dkm. 206,21. — 462. Al savi cove que s'an'ades loinhan | per miels sulhir enan. B.de Vent.36,43, M.W.I.40. — 463. Areire se trais per miels salhir enan. F. de Mars. 3, M.W.I.322,c.5. — 464. Miels aten hom en atenden | motas vetz no fa en corren. Sen., Dkm.209,19. — 465. Qui s cocha pert e consec qui aten. Pist.4, M.W.III. 182,7. — 466. Eras sai ben az escien | que selh es savis qui aten | e selhs es fols qui trop s'irais. J.Rud.1, St.IV.49,12. — 467. El pros es folz quant s'irais. Guionet 1,c.4. — 468. Assatz es mortz totz hom que viu iratz | a cui non es jois ni plazers donatz. F.de Mars., M.W.I.331,14. — 469. Hom que viu iratz val meyns que si moria. B.d'Alam.11, M.W.III.146,50. — cf. Monge de Toyssan 3,c.3. — 470. Mal chanta de gaug qui es iratz. L.Cig.23, M.W.III.125,c.1. — 471. Era uos dirai que non chanta hom consiros. Ricauz de Tarascon 1,c.4. — 472. Non auzis ancmais parlar | qu'om chant quan plorar deuria. P.Bremon lo Tort 1,c.3, M.W.I.86. — 473. Mais val benananza | qui n'a poder qu'ira ni malananea. A.deSest.12, M.G.784,c.6. — 474. Cors qu'es ples d'aziramen | fai falhir boca soven. P.Vid.21.26. — 475. Me soven d'un repropchier qu'ieu auzi retraire l'autrier | Qui amic vol de cocha s gart. A.d.E., R.5,23.

VI. Getäuschte Hoffnung, vergebliche Liebe.

476. Trop long'esperanza son ioi non atén. El.Barj.13, Arch.34,417,c.2· — 477. Tostemps ai anzit dir | qu'el mon non a tan greu martir | com lonc esperar quil sec fort. R.Vid., Chr. 222,15. — 478. Maint ioi son perdut per lonc esper. Rain.de Pons 1,c.2, Arch.32,412. - 479. Diras que trop atendres non es bos. Lamb.de B.8,c.6, Arch.33,449. — 480. Loncs atens eenes joi, so sapchatz, es jois perdutz. Blacatz 7, M.W.II.138,c.3. — 481. Segner, gran ben son perdut per bistenza. Blacatz 12,c.3. — 482.

Per trop longua entensio | perdon guay solaz lur saxo. G.de Berg.13, M.G. 165,c.4. — 483. Membre li que longu'entensios | a destorbat mainta bona fazenda. A.de Sest.12, M.G.784,6.

Eine solche getäuschte Hoffnung wird gewöhnlich mit dem Namen der »Bretonischen« bezeichnet, cf. 965 ff. Neben dieser Bezeichnung findet sich dann auch eine grosse Anzahl sprichwörtlicher Redensarten und Sprichwörter, die vergebliches Hoffen und Harren oder unnütz verschwendete Mühe und Arbeit bezeichnen:

484. Fag ai l'obra de l'aranha e la muza del Breto. P.Vid.15,17. — 485. Erguels non es si non obra d'aranha. P.Vid.V.8. — 486. Non cr'obra d'araigna. G.de Poic.4, M.de M., Ph. pg.35,50. — 487. Sos pretz es aitals cum fils d'aranha. P.Vid.6,70. — 488. Fil d'aranha. G.Magret 4, M.W.III. 243,c.2. — 489. M farai lo conort del salvatge. R.Jord.11, M.G.107,c.4. — 490. Mer lo conort del salvage. R.de Beljoc 1,1. — 491. Auretz per soudada al partir bada fol, fol bada e la muza meliana. Marc.30, Chr.53.10. — 492. Bada, fols, bada. B.Marti 3,c.3. 493. La musa port e badalh, selh quen amar a fizans, | questra grat mus e badalh. Marc.14,c.6. Hs.C. 171a. — 494. Tals bad' en la peintura | qu'autre n'espera la mana. Marc. 30, Chr.54,10. — 495. Si vos n'aves joel, | autre n'a la carn e la pel. Uc de Maensac 1,7, Meyer 274. — 496. Aquesta mia atenduda | qu'eu fas c'aillors nom ballanz, | cre qu'era la remazuda | del puei que brui set anz, | pois no'm issi mais la sorzitz. G.de St.Didier 14, M.W.II.49,c.5. — 497. Sa crema pert quil met lezer | qui filh d'aze bateia jorn ni cer. A.de Peg.4, M.G.1187,c.4. — 498. Qui es al mercat | cel quez ab deu si combat. P.Card., Chr.171,40. — 499. Qui en agurs niz es sons atén, | sembla lo fol que l'ombra pren. Sen., Dkm.197,36. — cf. R.de Tarasc.2,c.4. — 500. Per fol tenc qui longua via | ama pus que breu tener. B.Carb.71, Dkm. 10,21. — 501. Anc non ausi lo proverbi d'aital grat n'aia | el que quen dormen sa donna baia. Flam.4075. — 502. En tal sonalh | a mes batalh / don non tanh. G.deMont.3, M.W.III.138,c.3. — 503. Fol batalh avez mes a vostre sonalh. B.de B.44,15. — 504. Folhs es qui sa samensa 'span en loc don non espera frug. Gav.1, M.G.201,c 5. — 505. Bien gieta e mar el dezertz sa semensa don frug no sper. Gav.5,c.5, M.W.III.27. — 506. Geta en larena lo blat. Lamb.de B.7, Arch.33,451,c.2. — 507. Si pert qui en desert | semena fromen ses arar | ni en calmeilh espan son uoilh | non sap gayre de l'aorar. P.Card.42, M.G.944,c.9. — 508. Ar auiatz de can loing trais aiga a son moli. P.Br.20, Arch.34,410. — 509. Eu planc del colp don anc non fui feritz. P.Brem.8, F.50,18. — 510. Plagna d'aisso qieu non ai. G.de Born. 29,20, Revue d.l.r.1884.I.209. — 511. Torn ferir en la pallia, | don esper qel gran sallia | e noi fo las amenças. G.de Born.62, M.G.947,c.2. — 512. Purga la pura farina del breu. V.et Vert, L.R.III.281. — 513. A dur auzel / tol la pel | quel qu'escorgual voutor. Marc.24, M.G.796,65. — 514. Cassava lebre ab lo bov. A.Dan.1, M.G.426,c.1. — 515. Encaus soven so qu'ieu non aus atendre | e cug penre ab la perditz l'austor | e combat so dont ieu nom puesc defendre. G.Magret 1, M.G.602,6. — 516. Mon cor trob fol car cassa | so quieu non cre qe cossega. El.Cair.2, Arch.33,441, c.2. — 517. Non a sen qui uol ateigner | lai on non pot aconsegre. El. Cair.4, Arch.33,444,c.4. — 518. Qui sec so que non poiria consegre es foldatz. B.Carb.9,6. — 519. Ieu m'en prenc so que non aus querer. Gr.de S.1,c.5, R.3,394. — 520. Mabric say, on sols non fer. Ponz f.d'U.2,c.1. — 521. Qui dona seignoria a fol obra'n axi | cum si peyres metia al mon de

Mercuri. G.de Cerv., Chr.306,10. — 522. Fols cerai si del trefueill | uan queren la carta fueilla. G.de Cal.4, M.G.338,c.5. — 523. Combat ab quiers de cera | bastimens de peira dura. R.de Mir.36, M.G.1112,c.3. — 524. Cel fabrega fer freich qi uol ses dan far son pro. R.dcVaq.18,c.1, Arch.32,401. — 525. Conosc en ver que bati fer freg ab martel. D.de Prad.10, M.W. III.238,c.7. — cf. R.Jord.12, M.G.108,c.4.

VII. Thorheit.

Die Thorheiten der Menschen zu geisseln hat sich ja das Sprichwort überhaupt als eine seiner vorzüglichsten Aufgaben gestellt und so auch unsere provenzalischen Sprichwörter. Viele der vorangehenden Sprichwörter haben schon der Handlungen des Thoren Erwähnung gethan und durch viele der nachfolgenden werden wir ihn noch gegeisselt sehen. Hier haben wir es mehr mit seinem Wesen zu thun und unserer Stellung zu ihm.

526. Ara sai que mans fols pais, | so dil reproviers, farina. P.Br.7, M.G.567,21. — 527. Seneca que fon hom sabens ditz c'aissel es savis clamatz | que mielhs sap cobrir sas foldatz | e, [527a.] Salomos dis eyssamens | que totz le pus nessis que sia | pecca al mens set vetz lo dia. G. del Ol.57, Dkm.31,2. — 528. Hom non es tan pros ni tan presatz | que non aia blasme de cui que sia. Cad.13, M.W.III.63,c.2. — 529. Om se fai escarnir | can cuia trop saber. Nat de Mons, M.W.III,309. — 530. Cel es fols qui cuia esser senatz. F.de Mars.16, Arch.51,265,c.4. — 531. Auzit ai dir soven | qu'ades pass'om premiers per lo folhatge | e pueys tanh be qu'om s'an reconoissen. Jord. de Venaissi 1, M.W.III.58,c.4. — 532. Ades on plus uiu mais apren. G.d'Uisel 1, M.G.402,1. — 533. Nulhs non a doctrina | ses autrui disciplina. A.de Mar., M.W.I.176,XXII.23. — 534. Fols es qui no s chastia. G.Ad.5, M.W.III.201. — 535. Es fols qui no s castia. P.Vid.19,29. — 536. Fols es qui falh e no s castia. P.f.d'Uzes 1, M.W.III. 297,c.5. — 537. Es conseills senatz | quom de sai se castey | que sos tortz lai nol grey. G.de Born.73, M.W.III.208,c.7. — 538. Mais val veser les autrus cases | que passar per totz los mals passes. Sen., Dkm.212,17. — 539. Al faillimen d'autrui taing com se mir | per so com gart si meteus de faillir. F.de Mars.11, Arch.51,66,c.5. — cf. El.Cair.11, M.W.III.95,c.1. — 540. Sauis apren e fols quda. Torcafol 3,9, A.A.VII.106. — 541. Lo reprouiers uai aueran som par | Dome escaudat quem tem tebe ancae. Sordel 20, M.G.641. — 542. Escaudat tebeza tem. V.etVert., L.R.V.311. — 543. Fols non tem, trol mal pren. B.de Vent.80,28, Arch.33,456. — 544. Homs fols leu no s chastia | tro qa pres dan angoissos. Arn.Catalan 6,c.3, M.G.986. — 545. Homs ques fols, cho dizion li autor, non er castiaz. P.R.de Tol.17,c.2. — 546. Ieu auch dir per usatge, | fols non tem tro qes chastiatz. Dalfinet 1, Arch.34,191,c.2. — 547. Soven apres mort penedensa. A.d.E., Milá 424. — 548. Pus el eys s'a enques la folatie | no m'en reptetz si la foldat len ve | caysi s'aug dire que dretz es. An.56,c.2. — 549. Fols nos pot de folia laissar. B.d'Alam.19, F.155. — 550. Totz temps fols a folia cor. Pistoleta 4, M.W.III.192,25. — 551. Siec ben fola via fol oc. B.Carb.17,c.4. — 552. Qui non sap non sap. Flam.6124. — 553. Therensis dis que savis fo | que cascuna test' a son sen. B.Carb.9, M.W.III,157. — 554. Fols coue que foley | e de savi que cabaley. B.de Vent.24, M.G. 706,c.6. — 555. Qui repren sel on non es uertutz | mi par qu'es folh et per fol es tengutz. B.Carb.68, Dkm.23,29. — cf. G.de Poic.7,c.5, M.G.1309.

— 556. Le savi non deu al fol contendre. B.Carb.45, Dkm.10,3. — 557. Homs de be segon beutat | non deu penr'ab fol conten. B.Carb.54, Dkm. 25,24. — 558. Al fol deu hom sos foldatz laissar dire. El.deBarj.6, M.W. III.c.3. — 559. Folia deu hom a folor | respondre e saber a sen. A.de Peg. 6, M.W.III.251,c.4. — 560. Als guers deu hom esser guers. B.Carb., Dkm.19,30. — 561. Us pauc verset romansa: Am los grieus greus. B.Carb.14,34, Meyer471, 562. Segon dreitura | cerca fols sa folatura, | cortez cortez' aventura | el vilas ab sa vilana. Marc.30, Chr.53,34. — 563. Dis homs ades vol companhar | per natura tota cauz'ab sa par. G.del Ol.20, Dkm.48,20. — 564. Atressi fai gran foldat qui ab sen renha en loc com hom fay foleyan. B.Carb.8,c.1. — 565. Us fals digz entre la folla gen | val atretan cum si uers proatz es. M.de M.1, M.G.16,54. — 566. Val mais a mos entens | en luec foudatz que sobriers sens. G. Ad. 7, M.W. III. 187, c.4. — 567. Jouens dis conrada folia ual en luec mais que sens. A.de Mar.20,c.2. — 568. Maintas vez ai vist gran sen nozer | et aiudar mantas vez grans foudatz. El.Cair.8, M.G.810,c.2. — 569. Luecx de sen, luecx de folleiar. P.f.d'Uzes 1, M.W.III. 297,c.4. — cf. A. de Peg.27. — 570. Dis en Peire Rotgiers, en loc siatz fatz ab los fatz. R.Vid, Dkm.175,32. — 571. Si voletz el segle parer | siatz en luec folhs ab los fatz | et aqui meteys vos sapchatz | ab los savis gen captener ¡ qu'aissi s cove qu'om los assai | ab ira ls us l'autres ab jai, ab mal los mals ab ben los bos. P.Rogier 7, M.W.I.124,c.6. — 572. Ab deschausimenz | venz hom los auols genz | et ab ben qui o sap faire | venz hom los pros els leials. P.G.de Tol.2,c.2. — 573. Ab mal deu hom uenser felo. R.de Mir. 46, M.G.1095,c.5. — 574. No sai conort mas aquel del juzeu ! que sim fai mal, fai lo adeis lo seu. P.Vid.35,37. — 575. Ja d'aizo no sove mos parers qui sim faz mal | far non ai per un dos. An.48,c.2. — 576. Coratje, sert sapchatz, | non a ben tro qu'es venjatz. B.Carb.72, Dkm.20,15. — 577. Contrast de fol torna a malvestat, | c'al premier mot vos annara blasman. P.Card., Dkm.141,10. — An.115, M.G.1261. — 578. So ditz Salomos que l'efan vol mal | a sel quel va castian. Sen., Dkm.207,15. — 579. Anc rascas non amet penchenar. P.Card.66, M.W.II.182,c.6. — 580. Blasmes es del fol al pro lauzors. Cad.18, M.W.III.63,c.2. — cf. An.86. — 581. So qel fols blasmon es lanzors. An.240, Arch.50,273. N.LXXIX. — 582. Laia cauza es tengud'al doctor, | so dis Catos, can nescis lo repren¹) B. Carb.12, M.W.III,153,11. — 583. Ben es nesis veramen | qui blasma so que non enten. D.de Prad.,Chr.182,27. — 584. En lui es era connoissens | lo reprouiers qel savi di | com non conois tant ben en si | cum en autrui son falhimen. Uc de Mataplana 1,c.2, Arch. 34,195. — 585. Tals cuja repenre autrui ! que l'autre por repenre lui. P.Card., Dkm 160,15. — 586. No es hom savis tro qu'en se | sap veser so qu'e autres ve. Sen., Dkm.196,13. — 587. Quils autres afollia ! e si meteys non castia | non obra ges adreg guazanh. G.d'Uisel 1,57, M.G.187. — 588. Mal fai qui blasma ni encolpa autrui de so quel porta crim. B.Carb.6t, Dkm.6,11. — 589. Lag seria si tu fasias | so de que los austres castias . . . | qui l'autru huel volra meggar | veja si aura lo sieu clar. Sen., Dkm.213,14. — 590. Es razos deschauzida | qu'om veia 1 pel en l'autrui oill | et el sieu no conois lo trau. Cerc.2, Jahrb.I.93,c.2. — 591 Tals conois busq en autrui buell | qen lo sieu trau non sa uezer. An.227, Arch.50,272. — 592. En lautrui oill saben pel descobrir | e non senton lo trau qen lor oill an. An.242, Arch. 50,280. — 593. Aisel deu qui repren gardar se | com no puosca lui rependre de re | qu'enanz deu hom si mezeis far lial ! c'autrui apel traidor ni venal. A.de Peg.52, M.G.1223,c.2. — 594. Fis amics vertadiers deu

---

1) Man kann sicher die Besserung eines schlechten Zustandes annehmen, wenn derselbe beginnt von den Unwissenden getadelt zu werden.

premiers en si mezeis demostrar | qual volra l'autre ensegnar. Ad.de R. 3,c.1. — 595. Tot l'an dizet | . . . que totz homs faill assatz mais quan reprent, | cant el faill reprendent, que le repres. B.Carb.14,48, Meyer 471. — 596. Aquo de quieu non say un mot | cugi ad autruy ensenhar. B. Marti 7,c.9. — cf. B.Trobel 1,35, Meyer 514. — 597. Yeu o fas enaissi col jogaire | que assatz mielhs, que non joga m'ensenha. B.Carb.85, Dkm.5,3. — 598. A tote gens donray conseil leaus | se tout nel say a mon hous retenir, | chascun pourra triar lou ben del mal. An.31. — 599. S'us fols ditz be nol deu hom mens prezar quel profieg es d'aquel quel sap gardar ; ja sia so que al fol pro non tenha | bon es d'auzir ab c'om lo ben retenha. B.Carb 85, Dkm.5,5. — 600. De long sermo devem far breu prezic | que ben cobram lo gran segon l'espic. A.de Peg.26, Chr.146,10. — 601. Ben saup lo mel de la cera triar e lo meilz deuezir. R.d'Aur.40,c.4. — 602. Ieu tral gra de la palha. Gav.8,3, M.G.1069. — 603. Del fromen triar lo juelh. G. Magret 4, M.W.II.243, c.4. — 604. Bon cossel si li fol le te dona | nol mespreses per la pressona. Sen., Dkm.200,11. — 605. Atressi tanh als fols dire plazer | co als savis, cant se pot eschazer. B.Carb.39, Dkm.7,15. — 606. Li proverbis consent hi be que ditz aissi: Fer qui non ve. D. de Prad., Chr.182,34. — cf. Palais 3,c.1. — 607. Poyran dir que de fol apren hom sen. P.Card.37,c.8, M.G.976. — 608. Cel es fols qui per fol cor se guia. B.Calvo 8, M.G.614,c.4. — 609. Fols qui en fol se fia. P.f.d'Uzes 1, M.W.III.297,c.5. — 610. Tost es grans onta uenguda / quis pliu trop en fol compaigno. D.de Prad.13, M.G.1044,c.4. — 611. Folhs es qui sos folhs buelhs cre | mayntas vetz, so mes ueiaire. El.Barj.4, M.G. 913,c.4. — 612. Fols es qui cre tot quan veson siei huoill. P.de C.XIV. 31. — 613. Si l'uns orbs l'autre guia | non van amdui en la fossa cazer? / Si fan, so dis dieus, qu'ieu en sai ben lo ver. G.Fig.5, M.W.III.113,c.2.

VIII. Klugheit, Verstand.

Wenn auch die damalige Bevölkerung wohl wenig von Wissensdurst in sich hatte, so zeigen doch die Sprichwörter, dass man dem Wissen und dem Verstande seine Achtung zollte. Es galt dies auch namentlich vom schicklichen Reden:

614. Mais val sens que non fai manentia. G.Aug.4,Chr.74,18. — 615. Mai val gienh que no fa forsa. Sen., Dkm.213,5. — 616. Cel c'al saber es rics en sa camisa. G.Aug.4, Chr.72,24. — 617. Ieu dic que paucx ni grans | no val saber qui l'avia. P.f.d'U.1, M.W.III.297. — 618. Razos ab bon saber | deu en tot penre poder. G.Riq.44,15. — 619. Vers es que huey e ier | que totz pros hom conquier | ab sen et ab saber | ct ab ric cor poder. A.de Mar., M.W.I.176, N.22.u.R.Vid., Dkm.161,6, — 620. Salomo al solel aderma | lo savi que de sen no merma. Sen., Dkm.193,34. — 621. Val mais bo sen de moler | que aur ni argen. Sen., Dkm.198,15. — 622. Savia femna fa la maiso, | la fola noy laissa tuso. Sen., Dkm.198,23. — 623. De foudat sec dans totas sazos | e de sen sec gaugz e honors e pros. Uc B.3, M.W.III.209,c.1. - 624. Un proverbi dizon tuig | que sens rescost non porta frug. D.de Prad., Stickney 20,11. — 625. Om dia que sabers a pauc de valor | si clardatz no'l dona lugor. L. Cig. 5, M.W.III. 129,6. — 626. Cil sabo que miells entendut so. Rofian 1, c.5, M. G.954. — 627. Quecs a dreig que se razo | mas uers venz qui bel despo. R. d'Aur. 7, 22, Arch.33, 435. — 628. Sobre totz bes es saboros | gent parlar e cortes respos. G.Magret 1, M.G.601, c.2. — — 629. Per gent parlar bocca non ca. Brev.32512. — G.Durandus B.G.§36. — cf. Bernart 4,c.4, Arch.84,880. — Dkm.103,22. — B.Marti 6,c.9. — 630.

Gentz parlars ab avinen respos | adutz amics e non creis messios. Uc B. 3, M.W.III.209,c.2. — An.4, Arch.50,275, N.96. — 631. Paraula dossa fai amicx | et assuauja enemicx. Sen., Dkm.200,31. — 632. Es razos qu'om sia | de bel respos als grans et mals mcnutz. P.Vid,34,14. — cf. An., Arch.50, 282, N.156, An.56,c.6. — 633. Non fass'ad autre dia | so c'a lui non vol fach sia. B.Carb.78, Dkm.25,4. — 634. Ades vol de l'aondanza | del cor la bocha parlar. A.dePeg.2, M.G.1183,c.1. — cf. B.Marti 6, c.14. — 635. Savis hom ri pauc e suau | el fol ri tot jorn e s'esgau. Sen., Dkm.206,9. — 636. Savi s'aluenha d'autrui huis | el fol agacha pel pertuis. Sen., Dkm. 199,15. — 637. Lo fol te son cor a la bocha | el savis estujal a la cocha. Sen., Dkm.207,33. — 638. De trop parlar ve sofracha. Sen., Dkm.199,22. — 639. De trop parlar ve mals. Cad.18,28, M.W.III.65. — 640. Eu lauzi dir en un ucr reprouer | per trop parlar creisso maint engombrer. A.de Peg.30, M.G.604,12. — 641. Per sobras de parlaria | aitals homs si desment tot dia. G.del Ol.5, Dkm.29,9. — 642. Trop parlars fay desmentir | si meteys mantas sazos | so es veraya razos. G.del Ol.75, Dkm.41,13. — 643. Que van cuidan | trop parllan | fols es. R.d'Aur.16, M.G.326,c.2. — 644. Val mais bos absteners | que fol parlars. P.Vid.5,57. — cf. B.Carb. 14,46, Meyer 471. — 645. Mais val calar | que fol parlar. Gll.Durandus B.G.§36. — cf. R.G.de Bez.9, Azais 27,c.5. — 646. Fols es qui vol retraire | so que sap que fay a celar | e fols qui vol dir totz sos vers. P.f.d'Uzes 1, M.W.III.297,c.5. — 647. Hom coitatz de folatge | jur'e pliu e promet gatge. Marc., Chr.53,20. — 648. Fils, de jurar garda ta bocha | am que pregas dieu a la cocha | lenga que jura ni ditz mal | a dieu pregar fort petit val. Sen., Dkm.214,23.

Selbst Lügen ist eher gestattet als unschickliches Reden.

649. Mai per un cen ual gen mentirs assatz | no fai folha uertatz. G.Faid.32, M.G.477,c.6. — 650. Dic que mais val mentir per aver loc | c'aital vertatz, per c'om perdes ganre. B.Carb.93, Dkm.9,14. — 651. Ieu uuelh mais plasen mensonja auzir | que tal vertat de que tos temps sospir. Gr. lo Ros 7, M.W.III.171. — 652. Eu volh plus volontiers | dir cortez'ufana | que vertat vilana. R.de Mir., Chr.150,32.

Im Uebrigen aber wird der Lüge die gerechte Verurteilung zu teil.

653. Mantas vetz ai auzit dir | que messonja nos pot cobrir | que nos mostre qualque sazo. F.de Mars.23, M.W.I.320,26. — 654. Anz uos dic ueramen | que mal met e despen | sas novas qui trop men. G.de Born.63, Arch.33,326,c.4. — 655. Ges non ditz vertat aicel que men. B.de B.18,23. — 656. Qui men no ditz ver. P.Vid.2,50.

IX. Mässigkeit und Unmässigkeit.

Die hier aufgeführten Sprichwörter besagen im Allgemeinen, dass man in jeder Sache die richtigen Grenzen inne halten soll.

657. Autz essays nos fai ges ses mezura. Serveri 5, M.G.770,c.2. — 658. Ses mezura sens ni sabers | no val ni grans manentia. P.f.d'Uzes, M.W.III.297,c.4. — 659. E mans locs fai sens fraitura | don hom non garda mezura, | so ditz la gens anciana. Marc.30, Chr.54,4. — 660. Reis deu gardar messura . . . | e deu gardar sa cort de desmesura. B.de la Barta 4, M.W.III.270,c.3 u.c.5. — cf. B.Zorgi 18. — G.de Cab.4, M.G.348,c.2. — 661. Qui m des Monpeslier | non parlera qu'ieu truep en l'escriptura |

qu'Ovidis dis qu'ieu feira desmezura. B.Carb.6, M.W.III.257.V.c.4. — 662. Es fols quis desmezura | e nos ten de guiza. B.de Vent.44, Chr.63,1. — 663. Ses mesura non es res. B.de B.45,14. — 664. Auh dir: Qui mai despen que non gazanha | non pot esser que nol sofranha. Brev.32029. — 665. La sal an mes a tan gran for | perqueu tem fort e tem ancor | quel prouerbis ques tan diz torn en mal | Condugz ab carn totz esperdutz per sal. B.d'Alam.5,c.2. - 666. Mens en val tot frutz que dessazona. R.de Mir.4, M.W.II.129,c.3. — 667 Si co hom per trop si cofon, | si cofon per pauc eyssamen | per c'om deu el miey dreitamen | metre son sen ab tempramen. B.Carb.82, Dkm.8,12. — 668. Am mais la meitat. Guillem 5, c.2, Arch.34,381. — 669. Tut trop son mal, so auc dir a la gen | e mal tut pauc sadrec o raisonatz. Sordel 26, M.G.1274,33. — cf. G.de Mont.13, c.3. — 670. Totz trops e mals. B.Carb,91, Dkm.11,5. — 671. Fug trops tostemps en tota re | ce ja de trop not venra be. Sen., Dkm.195,13. — 672. Totz trops es mals enaissi sertamens | o truep ligen els libres dels auctors. B.Carb.90, Dkm.18,9.

Einige speziellere Fälle dieser Sprichwörter-Gruppe sind schon anderen Orts erwähnt (z. B. 251, 400, 638, 693), einige mögen hier noch ihren Platz finden:

673. Trop lausar es blasmes e faillensa. Sordel 19, M.W.II.250,10. — 674. Trop lauzars es mentida maintas vetz senes doptansa. P.Vid.16,34. — 675. Propris laus es foles. B.Marti 6. — 676. Proverbis es qui trop s'azaisa | greu er si per amor nos laiza. Flam.1838. — Cf. Sen., Dkm.214, 7. — B.Marti 7,c.4. — Brev.28709. — 677. M sove d'un reprovier c'ai mantas vetz auzit contar | que aital fais deu hom levar | sul col qu'el puesca sostenir. A.d.E., R.V.21. — cf. P.f.d'Uzes 2,c.4. — 678. Mant arbre fan fruyt tal per que la brancha frayn. Gl.de Cerv., Chr.305,5. — 679. La gens laigua ditz: Tant vai lo dorcx a l'aigua | tro que l'ansa lay rema. B.Carb.29, Dkm.5,15. — 680. Proverbis es comus | que tant vay lo dorc a l'aygua | tro que se trenca. V. et Vert., L.R.II.73. — 681. Ben ditz ver lo proverbis que soven audit ay: | que tan grata li cabra tro pogna que mal jay. R.Ferraud, Vie de St.Honorat 136,25. — 682. Tan grata la cabra que mal jatz. Liv.de Sydrac, fol.108, L.R.II.282.

X. Habsucht und Gier.

683. Un pauc auzel en mon punh que no s n'an | am mais qu'al cel una grua uolan. G.Faid.59, M.W.II.83,c.6. — (684. Mandet dizen qu'ames may un petit auzel el punh que una grua uolan el cel. G.Faid., M.B.pg. 22,13.) — 685. Mais dei donc amar e mon poing | un bel auzelet qu'eu tengues | qu'al cel doas gruas o tres | qu'eu no prengues. Gll.Amiels, M.W.III.314,c.3. — 686. Mais volria una calha | estreg tener en mon se | no faria un polhe | qu'estes en autrui sarralha. Cerc.1, Jahrb.I.97,c.3. — 687. Mais amaria seis deniers en mon ponh que mil sols al cel. R.d'Aur. 28, Chr.69,26. — 688. Mais pres lo frug on ab las mas atenha | que cel ques aut on lansar me covenha. A.de Peg.3, M.G.330,c.3. — 689. Assatz val mais guazanhar en argen | que perdr'en aur segon mon escien. A.de Peg.27, M.W.II.160,c.2. — 690. Cho son li fals cobe desconoisen | cui cobeitatz engana per nien. P.de C.I,35. — 691. Soven fai cobeitatz falhir los plus essenhatz. P.Vid. 20,31. — 692. On plus a (l'avars) e pus es cobeytos | el cobeitatz fai lo tant enueyos | que non auria pro ab tota fransa. P.Card.24, M.G.1241,c.2. — 693. Aisel que trop vol tenir | a molt petit de sciensa. Peire Gl.de Luzerna 8,c.8, M.W.L26, N.XI. — 694. Qui tot vol

tener tot pert. F.de Rom., Chr.196,19. — 695. On plus pren qecs so que cassa | plus a del segre ochaia. F.de Mars.7, Arch.51,263,c.2. — 696. Es plus renoviers cobeitos | on plus a d'aur e d'argen a se mes. P.de C. XXIII.37. — 697. Ar sai eu quel reprovier ditz ver: | Tos temps vol hom so c'om no pot aver. Peirols 20,39, M.W.II.11. — 698. Ni tal enveja no fai res | com aisso qu'om no pot aver. Cerc.4, M.W.III.303,c.2. — 700. Selh qual joguar si cofon, | ades on plus pert plus aten. G.Faid.56, M.G.445.c.3. — 701. Fols qui sec totz sos volers. P.f.d'Uzes, M.W.297,c.5. — 702. Gran foldat | fai sel que sec sa fola voluntat. B.Carb.1,c.2. — 703. So que non podes auer blasmatz. A.de Peg.19, M.G.591.c.4. — 704. La volps al sirier dis o | quan l'ac de totatz partz cercat | las sireisas vic loing de se | e dis que non valion re. Peirols 23. Chr.142,21.

Sinnbilder der Habsucht und Gier sind Jude und Wolf: Bern. de Rovenac 4,c.4.

XI. Stolz.

705. En trop d'orgoill ant gran dan maintas gens. B.de Dia, Chr.72, 18. — 706. Ressos es plus gens perdre per humiliar | que per orguoill gazaignar. G.de Poic.6, Arch.33,458,c.2. — 707. Es semblan que l'orguoilla caia ios. F.de Mars.16, Arch.51,265,8. — cf. B.de Venzac 1,c.5. — 708. Cum plus dissen plus poia humilitatz | et orguoills plus aut es poiatz. F.de Mars.16, Arch.51,262. — 709. Ben sabes verament | que Dieus puga cel c'a humilitat | e baysa cel qu'en erguel es montat. Rain.de Tres Sauzes 1, 25, Meyer 658. — 710. Lerguelh del pau. R. de Vaq.25, M.G. 1078,c.5.

XII. Ehre, Wert und Ruhm.

Die hier aufgeführten Sprichwörter zeigen, dass der Begriff der Ehre bei dem damaligen Rittergeschlecht ein sehr ausgeprägter war.

711. Reis pos viu aunitz | val meins que sebelitz. P.Vid.3,61. — 712. Reis aunitz val meins que pages. P.Vid., Chr.110,23. — 713. Am mais un pro vavassor | qu'un comte o duc galiador. B.de B.37,34. — 714. A baron d'aut lignatge | ual mais esser perigolatz | qel uiu aunitz ni deshonratz. G.de Born.50, M.G.862,c.2. — 715. Coms que diseritatz viu gaire no val re. Sordel 24, Chr.208,16. — 716. Rics hom joves serratz | val meins que mortz soterratz. P.Vid.20,47. — 717. Rich hom q'es d'auol cor | fai be lo jor qe mor. F. de Rom.2, Arch.34,226,c.6. — 718. Eu non teing ges lo plus ric per manen | qui pert vergoign'e deu per avol sen. P.de C.I.8. — 719. Onors val mais que avols manentia. B.del Pojet 2, M.G. III.284. — cf. G.d'Uisel 16, M.G.530,c.2. — B.de B.33,15 u.17,6. — A.de Peg. 19, M.G.591,c.3. — 720. Mais val mortz que vius sobratz. B.de B.IJ.40. — cf. Blacasset, M.W. III.246,28. — 721. Am pro mort mais qu'avol viu. P.Vid. 14,4. — 722. Mais val prous mortz qu'aols vidoira. Le trob.de villa A:naut, Dkm. 137,1. — cf. P.de C.I.17. — 723. Mais val mortz ondrada que uius mendiguejar. Croisade c.l.A., Chr.186,7. — 724. Ben uers le prouerbis a dir: | Qui ren non a, an'ab los mortz dormir. An.236,c.1. — 725. Mais val mort que vida amara. Sen., Dkm.210,20. — 726. Vida ses valor pretz meyns que mort. P.Card.4, M.W.III.76,c.4. — 727. Un reprochier ai auzit dir: | piegers es sofrirs que morirs. A.d.E., Mila 423. — 728. Assatz muor qui uiu en lonc afan. Monge de Toyssan 8,c.5. — cf. F.de Mars., Arch.51,

270,c.5. — 729. Mielhs es per un dos | morir questar per tostemps doloyros. B.Carb.8,c.2. — 730. Mais vuelh trop morir | qu'estar en dolor ni'n pantays. B.Carb.13,41, Meyer469. — 731. Mays mi platz honratz morirs / que nuilhs entremesclatz iauzirs. A.deB.13, M.G.995,c.4. — 732. Ieu conosc e sai ques vers | que uiures ual mais ioi jauzir. G.deBorn.8,c.4. — 733. Com podetz dir que deuria | vida meils que mortz valer | a selui que ne s jauzis | de joi e tos temps languis. Gll.de la Tor 12, M.W.III.248,c.4. — 734. Qui ioi ni solaz fui | a peich de mort se condui. L.Cigala9, Arch.33, 299,c.2. — 735. Aunitz bes no val tant de dan honrat. G. Riq. 9, 31. — 736. Ditz lo reprovier | qu'onratz bes mal refrang. R.deVaq.20, M.W.I. 372,74. — 737. Bos pretz ja es tan cars | que nol pot conprar avars. G. deBorn.23, M.G.824,c.3. — 738. Terra pot hom laissar | a son filz per eritar | mais pretz non aura ja | qui de son cor non l'a. An.,Arch.50,282,CLI. — 739. Dis en Perdigos: En paratge non conosc ieu maire | mas qu'en a mais cel qui mielhs se capte. R.Vid Chr.220,8. — 740. Pretz verays per mort no per son briu. G.Riq.10,3. — 741. Malvestatz ab pretz no s'aparia / ni s'acordon per lo mieu escien. B. del Pujet 2, M.W. III. 283,c.4. — 742. Vida es anta e desonors | qui non a pretz segon q'es sa ricors. Cad. 13, M.W.III.63,c.1. — 743. Qui mais ual mais dopta far faillida. A. Dan. 12, M G.415,c.5. — 744. Hom pros poit leuzieremen falhir. G.deMont.11, Appel 95. — 745. Usages es et adurat mainz dia | qu'om blasma plus qan fail cel qe val tan | qe dels malvaiz nos o ten hom a dan. G.d'Uisel 3, Arch. 32,402,c.2. — Cf.Cad., M.W.III.58,c.5.—B.Carb.70, Dkm.6,3u.M.W.III. 153,13. Gr.loRos7, M.W.III.171,c.2. — 746. Be sai quant hom plus savis es | adoncs si deu mielhs de falhir gardar. P.R.deTol.16, M.W.I.136,7. — 747. Mais deu esser savis encolpatz | qe fol qan fal e plus se nos castia. An.157, Arch.50,279. — 748. Falh le rics may cannon ditz ver | no falh paures c'o fay per non poder. G.del Ol.53, Dkm.32,30. — 749. May fai de falhensa hom entendens | can falh c'us que n'er blos. B. Carb. 40, Dkm. 25, 21. — 750. Cant es pus cabalos senher, can falh, mais fay de falhimen. B.Carb. 4,c.2. — 751. Qui falh vezen mal e be | falh trop may qe sel que nol ve. B.Carb.9,c.3. — 752. Flors on mielhs es florida | elha si franh per nien | quan so que mostra desmen. Cad.12, M.G.952,c.4.

XIII. Gewohnheit, Not, Gewalt, Unrecht.

753. Costuma torna a natura. Sen.,Dkm.211,27. — 754. Ieu o truep sert e l'escriptura | c'avol us o bon forsan natura. G.delOl.11,Dkm.46,13. — 755. Qui falh en un, semblan fai, que en plus falhis el temps que n'auria lezer. B.deB.6,17. — 756. A mans met cel que vas un desmezura. F.de Mars.16. — 757. Uns mal sol un autr'aduire. D. de Prad. Chr. 181,18. — 758. La flam'acenduda es grieu per amortir. Peirols 27, M.W.II.26,c.4. — 759. El proverbis n'es guirens ses contendre | que ditz: Iove castiar e vielh pendre. G.delOl.55, Dkm.38,17. — 760. Se ditz bon un repropchier pel mon, | sel qu'una ves escorja autra non ton[1]). P. Card. 57, M.W.II.195,47. — 761. Dreitz ditz que necessitatz | non a ley et es veritatz. B. Carb. 65, Dkm.12,31. — 762. Quan cug a riba venir | adoncs me cove a nadar. M. de M. 7, Ph.XIII.63. — 763. Qui pauc troba non pot gaire penre, so sabez vos, si col proverbis diz. G.deCab. Biographie, Arch.50,259b. — 764. Ieus

---

1) Derjenige, welcher einmal geschunden hat, begnügt sich ein anderes Mal nicht mit Scheeren, sondern bleibt bei seiner Gewohnheit, höchstens »escorgua e ton«, so P.Card.58, M.W.II.234,16.

aug dir que ses manjar | fort petit fan li cais e mens las dens. B.Carb.
13,9, Meyer 469. — 765. Si non pot aver caval, adonc compra palafrei.
Gll.IX.4, Chr.32,12. — 766. Chascus beuri'ans de l'aiga ques laisses morir
de sei¹). Gll.IX., Chr.32,19. — 767. Selh a cuy grans fams en prent | manja
lo pan ¦ que non l'aban. P.d'Alv.5, M.W.I.97,c.4. — 768. Meins val d'una
renc | zo qe per forsa tenc. P.Vid.45,c.5. — 769. Nuill dreit non a valor
gran | lai on forsa fai son talan. F.deMars.9, M.G.59,c.3. — 770. Me parl
/ quel laire ric pend el meschin. An., Arch.50,281, N.142. — 771. Paubre
lairon pent hom per una veta | e pen tals qu'a emblat un roci | et aquest
dreitz non es dreitz sagetz | qu'el ric laire penda l lairon mesqui. P.Card.
30, M.G.605,c.4. — 772. A mal met sel que fa ad u | so que no deu far
a negu. Sen., Dkm.202,33.

XIV. Treulosigkeit, Betrug, Täuschung.

773. Es pus mortals d'enguan | sos colps que non es de bran. G.del
Ol.31, Dkm.87,8. — 774. Mais valon colps d'amic certa | no fan baizars
d'ome trefa. Sen., Dkm. 202, 13. — 775. Si dechay ses fallensa | quis cuj
ab enjan fromir | que ancse ai auzit dir | qu'ab selh reman quel comensa.
J.Esteve3, M.G.749, c.1. — 776. Qui ab geing ab femna reigna | dreitz es
que mals len aveigna | si cum la letra esseigna. Marc.18,60, Arch.33,336.
— 777. Bona fes e mala | ab son don laora | e non garda c'ora | lo fer
desotz l'ala. G.delOl.8, Dkm.44,1. — 778. Ferir sotz l'ala. A.deSest.13,
Arch.51,251,c.5. — 779. El cuelh lo ram, ab que s fier. B.deVent.23,
M.W.I.30,c.4. — 780. Drutz que lonc si saplata ı el eis si coill lo ram a b
cum lo bata. Aug.Nov.1, M.G.578. — 781. Ja non er qu'ieu eys lo ram
no cuelha quem bat em fier. B.deVent.42,5. — 782. Bem bat amors ab
las uergas qu'ieu cuelh. P.Vid.36,6. — 783. Om cuoill mantas vetz los
balais | ab qu'el mezeis se balaia. B.deDiet, M.W.I.87,15. — 784. D'aquestas
mas fon culhitz lo bastos | ab que m'aucis la belazer qu'anc fos. B. de
Vent.11,c.4. — 785. Dex, dist lo reis, molt i fai gran foldat | cil qui nur-
rist lo basto ab ques bat. Aigar et Maurin, Scheler pg.35,867.

Sprichwörtliche Redensarten für »betrügen« finden sich
mehrere:

786. Un dat mi plomba²). A.Dan.11,4, M.G.425,c.4. B.deB.29,12. —
787. L'amors camia cubertament los daz. UcCat.1,c.7, A.A.VII.99,c.8. — 788.
La mala beitatriz camiet me datz. G.deBorn.33,c.5, Arch.34,397. — cf. Gav.
5,c.6, M.W.III.27. — 789. Gardaz que vos fassatz paniers als ostes³). G.de
Born., M.G.826,7. — 790. Tota vostra esperansa es en trazir et en faire
paniers. R.deVaq.1, M.G.1307,c.6. — 791. Le savis dis c'om non deu per
semblan home jutgar, si proat no l'a be. B.Carb.60, Dkm.11,21. — 792.
Om non deu jutgar per sol semblan. Monge de Toyssan3,c.1. — 793. Greu

---

1) Jemand, der nicht gewohnt ist Wasser zu trinken, sondern etwas
Besseres, z. B. Wein, wird in der Not dennoch zum Wasser greifen. Die
mehrfach gegebene Erklärung Sprüche Sal. 9,17: »Die verstohlenen Wasser
sind süss und das verborgene Brod ist niedlich«, ist nicht ganz zutreffend,
sie wäre anzuwenden auf 697 ff.

2) Die Falschspieler bedienten sich Würfel, die auf einer Seite mit
Blei ausgefüllt waren; auf diese fiel natürlich immer der Würfel.

3) »panier« klingt an »panar = rauben« an.

pot hom jutgar per semblan. J.Esteve, M.W.III.260,c.3. — 794. Ades proarai vos o | qu'ieu hai vist faire tracio | a home qe n'era prezatz. Peire del Poi., Dkm.135,10. — cf. G.del Ol. 3, Dkm.44,9. — 795. Vers es cargens | e garnimens | fan de cusso baron semblar. P.Card.42,c.16, M.G. 941. — 796. Tals ha el cors signe de patz | que vay el coragge armatz. Sen., Dkm.213,28. — 797. Tals a sus el cap corona | e porta blanc vestimen | quil voluntatz es fellona | cum lop o serpen. P.Card.29, M.W.II. 226,c.4. — 798. Es lop e sembla ovela. Sen., Dkm.214,2. — 799. Lo fils uolpiz, câ pauc sesaia, | cor de conil ab semblan de leon. Sordel20, M.G. 641,c.6. — 799b. Alcun son trop major de fama que de fach no so: so es sert. G.delOl.3, Dkm.44,9. — 800. Soven sotz belh parven se rescon gran falsia. Sordel30, M.W.II.253,c.3. — cf. F.deMars.15, M.W.I.327. — 801. Ab semblan de bon morsel | se prenon li glot auzel. G.del Ol.65, Dkm. 45,31. — 802. Non es aurs tot cant que lutz, | tal vos ri eus fa bels salutz | que o fa per vostre destrix. A.d.E., R.V.22. — 803. L'aigua que soau sesdui | es peier que cella que brui. B.deVent.29, 37, M.G.68. — 804. Las aygas que nosson movens | son corrompablas et olens. Sen., Dkm. 210,37. — 805. Tostemps uei com aten | la ploia quant fort trona¹). G.de Born.74,c.7, Arch.33,305. — 806. Estanhs folhatz | es mes soen sotz bon aur | per que mais ualh e que mais dur. G.de Born.53, M.G.866,c.5. — 807. Autre blat ai vist ab fromen | afinar | et ab plom argen. G.Magret3, M.W.III.242,c.5. — 808. Cant es als obs sa valor vista, | ben val mais per draps que per lista. B.Carb.86, Dkm.12,25. — 809. Se dis que us draps motas vetz | val mai per drap que per list'. B.Carb.87, Dkm.24,25.

XV. Sprichwörter und sprichwörtliche Redensarten verschiedenen Inhalts.

810. Ben deu hom camiar bon per meillor. F.deMars.6, Arch.51,268, c.5. — 811. Escrich truep en un nostr'actor | c'om pot ben camjar per melhor. G.delOl.23, Dkm 33,1. — 812. Cel qui camja bon per melhor sil melhs pren be deu mais valer. B.de B. 10,1. — 813. Mos pas ades se cambia | de ben en miels tota via. R.deC.5, M.W.III 286,c.6. — 814. Far mielhs de be. P.Br.5,c.1. A.deMar.18. — 815. Ai triat per ma fe | mielhs de melhor e de be. P.Br.16,c.2. — 816. Cocelhs es de Salomo | que quascus hom d'espero | lachel mal e quel be prenda. MatfreE.8, Azais134,c.9. — 817. Ai lo plom e l'estanh recrezut e per fin aur mon argent cambiat. G. Ad. 9, M.W. III. 186, c. 5. — 818. Ieu non sui ies cel que lais aur per plom. A.Dan.17, Arch.51,140,c.2. — 819. Prenda laur e lais l'estaing. R. deMir.42, M.G.1090,c.6. — 820 Me torn tot mon fen en uert fuelh. G.Riq., M.W. IV. 1, c.5. — cf. B.de B.7, 7. — 821. Qui fa fols preiuat de se, | mais ama prenre mal qe be. An.86, Arch.50,276. — 822. No camial miels per sordeior. Arn. de Tintinhac 2, c.6, M.G.598. — 823. Nous cuges qiem biays / nil mielhs per lo sordeior lais. Sifre1,c.6, M.G 1020. — 824. Malditz es hom qui l ben laissa el mal pren. P.Card.49, M.W.II.197,c.3. — 825. Deu esser mal uolient | aicel qe tot conois e lo peis tria. An., Arch.50, 283. — 826. Ben bargaing | sieu per estaing | don mon aur que follors. G.de Born. 40, M.G. 845,c.4. — 827. Ab bel semblan et ab doussa compaigna / me dauret gen so que ara m'estaigna. Peirols 31, M.W.II.18,c.2. — 828.

---

1) Es ist am wenigsten vom Regen zu befürchten, wenn es donnert, also gefährlich aussieht. Ein anderes von derselben Erscheinung hergenommenes Sprichwort sagt das Umgekehrte, cf. 916.

Em fes cuiar | que mais valgues | qe fis argenz esmeratz estainz. G. de Born.83,c.4, Arch.34,397. — cf. B.deB.14,51. B.Calvo2,9. — 829. Daur fa estanh. Serveri4,c.3, M.G.768. — cf. Perd.2, Arch.34,177,c.2. — 830. Ben laissa clartat per umbra | sel qui vas son dan s'alargua. Gav.7, M.G.1067, c.4. — 831. Trop foleia qui sec son dan. Lamb. de B. 5, c.4, Muss. 444. — 832. Pren di rainaut per domerc | e laissa gran cuba per dorc | e ydria per pauca dorca. Gav.7, M.G.1067,c.2. — 833. Ben camja civada per juelh / e tiriaca per vere | et anguila per aneduelh | qui laissa Dieu per laia re. P. Card. 17, M.W.II.224,c 5. — 834. Per clar iorn pren escur ser. Gav.11, c.4. — 835. Senher, sobre totz de colors | son li drap e qui ls sap triar / falh, si compra los sordeiors. G.deBorn.1, M.W.I.187,c.8. — 836. Si mals m'es pres no vuelh que piegz m'en prenda. P. de la Garda 5, M.W.III.202, c.2. — 837. Ira de mal en pejor. B.Zorgi18,c.5, Lévy7,51. — 838. De mal etz estorta e peitz anatz sercan. G.Riq. — cf. A.dePeg.15. — 839. Cazutz sui de mal en pena. B. de B.9,1. — 840. Eu fatz dun dan dos. El. Fonsalada1,c.2, Arch.34,395. — 841. Sel que fai d'un dan dos | non fai ben ni gent son afar. Gll.deMurs5,9, Meyer291. — 842. Sai be qu'ieum fau donar per un dan dos. R.deVaq.(Brev.31530). — 843. No mespreses petita res / que de petit ve tot cant es | qui de petit amassa pro | ades ha pro que prenga e do. Sen., Dkm.214,19. — 844. Ieu ai uist comenzar un pon | ab una piera solamen. An. 74,5, Arch.50,281. — 845. Ieu uei soven per gaiada | recebre gran coltellada. An. 213, Arch.50, 274. — 846. En grand affar notz pauc petit erransa. G.deBorn. — 847. En gran dreit notz pauc' occaizo. P.Vid. 23, 16. — 848. Per un pauc pert hom soven assatz. El. Cair.6, M.W.III. 90, c.2. — 849. Auzit ai dir e vay mi remembrant, | c'un fer hom per fauta d'un clavel | et per un fer, cant ben m'o vauc pensant, | pert lo caval, pueis lo cors el castel . . | . . per lo mens pert lo mais mantas ves. An.33, Meyer519,VI. — 850. Om ques al joc s'espert / que per menz perdre lo mais pert. Flam. 3324. — 851. Sai que l'hom a perdut | molt plus tost qu'om non gazaigna. Az.deP.1, M.W.III.176,11. — 852. Us mals dona mai de blasmor | qu'il fa que sen ben de lauzor. B.Carb.70, Dkm.6,3. — 853. Nois poiria dreich dir | que maintas vetz pauca peiura | trop mais qassatz non meillura. B. Zorgi 17, M.G.667,c.3. — 854. En amor notz una leuiaria | mais qe nei pot us granz senz esmendar. Bernart4,c.5, Arch.34,380. — 855. Qui son bon pretz en un dia despen | de dos mes non ave en cobrar. B.Carb.22, Dkm.16,20. — 856. Qui despen tot son pretz en un ser | pueys de cent jorn no pot tan recobrar. UcB.7, M.W.III.207,c.4. — 857. Qui un jorn pert de ioi ni de be | ja recobrar nol poiria en iase. Palais1,c.2. — 858. Lo savis retrai / cus iors ual mais cus auz | e qui prent a fugir | can so deu enantir | nolles negus enanz. Cad.3, M.G.302,c.3. — 859. So mostra l'escriptura | ad ops de bon aventura | val un sols jorns mais que cen. B. deVent.30, 41, Arch. 33, 456. — 860. Sias li membrans | que maintas uetz ual mais us jorns cus ans. D.de Prad.17, M.G.1052,441,c.6. — 861. Mainz val us ans d'un dia. G.Ad.5, M. W.III. 210, 19. — 862. Mays es manifestatz | del savi us sol dia | que la tota etatz | de ceyl qui sec folia. G. de Cerv., Chr.306,37. — 863. Usa ton temps qu'a greu venra | a tos obs tan bo co s'en va. Sen., Dkm. 209,31. — 864. Pus es fachal jornada | ja non er atras tornada. G.delOl.61, Dkm. 43,27. — 865. Qui non fes can far poiria | ja non fara quan far volria. Flam.5242. — 866. Qui no fai can far poiria | non o fara cant far volria. B.Carb.73, Dkm.9,20. — 867. Us reproviers me ditz dels ancessors | qui temps espera e no fai quan temps ve | s'el temps li falh, ben estai e cove; | que loncs espers a manhs plagz destorbatz. G.Ad.9, M.W.III.186,13. — 868. No y vezetz mentrel lums es ardens | gardatz vos y quel temps es

tenebros | e no y veyretz quan lo lums es rescos. UcB.3, M.W.III.209,c.4.
— 869. Qui de fort fuzil | non uol cotel tocar | ia nol cug afillar | en un
mol sembeli. G.deBorn.45, M.G.849,c.2. — 870. No sab trair'aiga de clar
riu. L.Cig.5, M.W.III.129,c.3. — 871. Ara diran tut li desconoissen | que
cel es fols qu'am autrui mais que se. J.Bonels, M.W.III.311,c.2. — 872.
Dieus e dretz e razos s'acordon | c'om deu mais amar si mezeis c'autre.
G.de Mur 5,17, Meyer 491. -- 873. Mais unoill pelar mon prat cautrel mi
tonda. G.de Born.69,28, Arch.33,322. — 874. Faich vermelh de mon gon-
fanon blanc. B.de B.29,10. - 875. Farez uermelh so ques blanc. Gav. —
876. Totas res pot hom en mal escrire. B.deVent.12, Chr.59,30. — 877. Ben
es uertatz que laire | cuia tuich siont siei fraire. B.deVent.29,31, M.G.68.
-— cf. G.deBorn.1, M.W.I.187,c.3. — 878. Del reprovier mi sove | qui non
contraditz autreia. Peirols22,29, M.W.II.22. — 879. Si tu vols selar un
lag plag | contra dreg be t'estara lag | car dieus ti fara parsonier | de la
pena e del logier. Sen., Dkm.210,7. — 880. Atrestan es vas Dieu encol-
patz | selh que manten lairon com es lo laire. P.Card.69, M.W.II.239,c.1.
— 881. Parsoniers es del mal quil consen. G.deMont.10, Arch.34,200,c.6.
— 882. Qui consen faillimen | d'autrui e no len repren | companhier e
parsoniers. G. de Poic.10, c.2. — 883. La flam escondude es greu ad es-
cantir. P.d'Alv., L.R.II.312,10. — 884. Eu sai qel fuocs sabrasa per cobrir.
F.deMars.6, Arch.51,268,c.5. — 885. La peyra que hom ve venir | non te
dan, qu'om s'en pot gandir. Sen., Dkm.194,9. — 886. Folz es qui cela al
mege son malage. R.deVaq.29, Arch. 35, 102,30. — 887. Sap qu'aver no
pot secors | mas per un metje sol on cre. G.Faid.5, M.G.352,c.4. — 888.
So dis us versetz de Cato: Senher es fols certamen | can no vol creire
son sirven. B.Carb.9,c.3, M.W.III.257. — 889. Lai on hom a son thezor |
vol hom ades tener son cor. B.deVent.41, M.W.I.19. — 890. Lai vir la
forzal gein | ols huils el coratge tein. G.de Born.10, M.G.865,c.2. — 891.
Sai be qu'es falhimen lo repropchiers c'om dire sol | que olh non vezo,
cors non dol. A.deMar.95,39. — cf. Brev.34138. — 892. Le reprochiers
no dis ges ver | que cors oblida qu'ueilhs non ve. Peirols33, M.W.II.
27,25. — 893. Selh que ditz qu'al cor non sove | de so qu'om ab los
huelhs no ve, | li miei l'en desmento ploran. Perd.14, M.W.III.74,41.
— 894. Quays quom oblit so que no ve soven. A.deB.3, M.G.194,c.2. —
895. Lai vir on la dens me dol. B.deB.28,41. — 896. A la den | torna
soven | la lenga on sent la dolor. Marc.24, M.G.797,52. — 897. Sai a la
dolor de la den vir la lengua. F.deMars.5, Arch.51,267. — 898. No puesc
sofrir | qu'a la dolor de la den la lengua no vir. G.deBorn.51, M.W.I.185.
— 899. La lenga vir on la dent mi fa mal. Ucde l'Escura 1, c.4. — 900.
Ab semblan cog et ab cor cru | gratar me fai lai on nom pru. B.dePrad.
1, Dkm.142,9. — 901. Om maiers es plus calfa l focs. G.Ad.1, M.W.III.
188,18. — 902. Vers es so quel reprochiers ditz | que bos pretz creys on
plus luenh es auzitz. G.d'Uisel 1, M.G.189,49. — 903. Cum plus dorm
mielhs me ressida. G.deCab.1, M.W.I.112. — 905. Qui mais viu plus
poigna de fenir. G.Faid.14, M.W.II.96,4. -- 906. Hon mais m'esfors cas-
cun jorn d'aver vida | pus m'aprobenc, so es sert, de la fi. G.del Ol.43,
Dkm.47,11. — 907. Le crims nais anz que paresca. R.d'Aur.22, 26, M.G.
626. — 908. Ades o sapchon tal e cal | qe chanz non port altre cabtal.
Lignaur1,c.4. — 909. Nulha res non secreta sia c'o sapchan tres. B.Carb.
88, Dkm.24,3. — 910. Seneca dis que saup philozophia, | que mieu e tieu
mogron discordi'el mon. G.delOl.56, Dkm.34,20. — 911. Guerra tol soven
so quadui patz. G.deBorn.58, Arch.33,319,c.5. — 912. Amors tol mais que
no vol dar. R.deVaq., Brev.28092. — 913. Erguelhs es grans e folors | qui
ab plus fort de se tensa. G.dePoic.14, P.O.218. — 914. Qu'ab plus fort

de si se desmesura fai gran foldat. F.deMars.21. — 915. Puesc dir: Qui dereir'autruy cavalgua non baiza qui vol. A.d.E., R.V.22. — 916. En reprocier c'auzian me dis | que tant trona tro plov¹). A.Dan.1,39, M.G.426. — 917. Auzit ai dir, | c'om enoios non pot morir. Brev. 33662. — 918. El pros coms Raimon de Toloza | dis una paraula ginhoza | que retrairai per so que no s'oblit: | e cant yeu aug so que non ai auzit, | et yeu me pes so que non ai pessat. G.delOl.28, Dkm.33,3. — 919. Gara ti doncs e membre ti | del proverbi de Constanti | que ditz: Hom que no fai la filla | gart se no faza la similla. D.dePrad.,Stickney71,1151. — (920. Elam dis un reprovier, | don, vos re dat son menudier | et eu revit vos a doblier²). Gll.1X.2, Chr.30,12.) — 921. Es digz con si gar col proverbis espo | que not fizes en uelay | ni en clergue ni en lay (qun pauc retray | al premier trabustire. P.Card.9, M.G.758,c.5. — 922. Fassail plan de Puoi de Doma | quan d'el plus prop es tant s'apil | si col proverbis s'acoigna | sil trai l'uoill, el pouois loil oigna ; sofra e sega ab cor humil. A. Dan., Canello 99,36. — 923. Sap mals e bes atressi | e sap com val cars al moli³). R.de Vaq.8. — 924. Cavalgan pogran a damas. Flam.214. — 925. Son pelan la grua. Cr.CII.p.227, Fauriel. — 926. Hom vai dins lo tertre camjan. A.deScarlat, M.W.Ill.222,c.4. — 927. Doussa cum pimens. Marc.44,9, Arch. 33,341. — cf. B.dePrad.3,c.3. B.deB.38,91. — 928. Plus pesan que plom. P.delaMulal, Arch.34,192. — 929. Plus cau dun sauc. L.delAiguillon1,c.5. — 930. Ensems quol palb el gras. G.deBorn.32,26. — 931. Mesclal gran en la palha. B.deB.44,26. — 932. Penre los buous e'ls boviers. Cad.6, M.W.III.66,c.4. — 933. L'ou e la mealha. B.deB.44,5. — 934. Lo vert el madur. B.deB.32,61. — 935. L fetg' el fel. Pist.3,c.7. — 936. Cim e razitz. L.Cig.7,c.2. G.Fig., Lévy pg.82,Anm.13. — 937. Nol laissaran ni cima ni razitz. Austorc de Segret 1,c.4. — 938. No porta soc ni sauca. P.Card.18,27. — 939 Non dis ni buf ni baf. Flam.1241. — cf. B.deVenzac 3,c.2. — 940. Meins me tenh que juzeus. P.Vid.9,23 — Not pretz un grapaut. Raim. Escrivan,Chr.318,36. — Nom costet un alh. B.deB.44,1. R.deVaq.22, M.W.I.360,18. An.143,M.G.110,c.2. Arlabecca, Dkm.76,15. — Toz non los dopt un aulaigua. Palais 2,c.2. — Non valran una mora. G. deBorn.57, M.G.877,c.7. Adem.loNegret1,c.4. — No val una raba. R.d'Aur. 15,c.6. P.delaMulal, Arch.34,192. — Non daria una pruna. R.deVaq.12, M.G.522,c.2. — Non val una poma. A.Dan.13, Chr.137,19. — Ges una pauca mela non me pretz. R.d'Aur.40,c.7. P.R.deTol.5, M.W.I.137,c.7. — No m notz lo pretz d'una fia. R.deMir.24, M.W.II.118,c.5. — Pera, Brev.29228. —

---

1) Das Sprichwort enthält eine Mahnung zur Vorsicht, etwa die, dass man sich nicht zu früh in Sicherheit dünken soll.

2) »Herr, euere Würfel (Würfe) sind klein und ich überbiete euch ums Doppelte«. Wenn auch der Text leicht zu übersetzen, so hat doch seine Auslegung als Sprichwort Schwierigkeiten. Wir werden deshalb »reprovier« besser mit »Vorwurf« übersetzen, also: »Sie machte mir einen Vorwurf«, sc. aus meinem schlechten Spiel. — Sonst scheint diese Bedeutung des Wortes nicht so gewöhnlich gewesen zu sein, denn Raynouard (IV. 653. I. no. 17) führt nur ein Beispiel an (aus Passio de Maria): »De reprochiers sadolatz.«

3) Entweder ein Pfifficus, der das Gras wachsen hört, oder auch ein schlauer Mensch, der mehr wie gewöhnliche Menschen weiss und kann und daher gelegentlich dieselben auch einmal betrügt, ohne gefasst zu werden.

Negus lo pretz d'un aguilen non portava. Uc de l'Escural,c.5. — Non pretz una notz. Mat. de Caerci 1, c. 5. — No val una castanha. P.Vid.6, 60. — Un'aglan. Gav.1, M.G.201,c.3. R.G.deB.2, M.G.190,c.5. — Non valria un uou. A.Dan.1,c.2. G.deBorn.21, M.G.826,c.3. Marc.37, Arch.33,340. G.Riq.87, 43. — Non preza una mealha. An., Dkm.76, 12. — No ls tem una rusca de vern. P.Br.6, M.W.III.254. — Bec de gau. Brev.32159. — No pretz un assanha. D.dePrad.5,c.6. — Non ual un poing de cendre. B.Zorgi15,c.3, Lévy 2,19. — Un ponh de sal. B.Zorgi, Lévy5,12. — Non daria un plom. Brev. 28160. — Non val lo pres d'un dat. Rain. de Tres-Sauzes 1,43, Meyer658. Uc de S.C.44,c.2. Brev.29822. — Non prezera un guan. P.R.deTol.9, M.W.I. 139. Brev.33528. Raim. de Tors de Mars.2,c.3, M.G.323. — Non mi valgues un clavelh. G.de St.L., M.W.II.39,c.4. — Non es prezatz un boto. B.Carb. 34, Dkm.91. R. G. de Bez. 6, M. G. 1018, c.5. Gauseran de St. L.1, c.5. B. Zorgi 14, M.G.665,c.3. — Non pretz lo ualen d'un tros. Palais2,c.2. — Non prezar un dinier. R. d'Aur.31, M.G.620,c.6. B.Marti8, c.4. Bertr. del Pojet 2,c.3, M.G.138. Uc de S.C.44,c.2. — De dieu non tenc un poges. An.52, Meyer673. — Un sols nom prec. A.deMar.7, M.G.212,c.2. — Un botacays. R.deVaq.12, M.G.529,c.2.

XVI. Gott, Heilige, Geistlichkeit.

Vor dem Wesen Gottes spricht sich im Sprichwort immer die grösste Achtung aus, und zwar sind es namentlich seine Allwissenheit und Allmacht, welche das Sprichwort hervorhebt.

941. Dieu que no faill en re. R.d'Aur.25, M.G.1028,c.1. — 942. Qu'anc non menti. Flam.5854. — 943. De dieu mov tot saber Salamos n'es guirens. P.Card., M.W.II.224. — 944. Selh qu'en dieu non cre | non deu terra tener. Uc de S.C.42, M.W.II.151,c.5. — 945. On hom mais sai viu d'ans | ses dieu, mais fai de sos dans. F.deRom.10, M.W.III.99,c.2. — 946. Cui lauza pobles, lauza dominus[1]). P.deC., Chr.126,4.

Gar nichts hat uns das Sprichwort von der übrigen heiligen Familie aufbewahrt. Die sprichwörtlichen Redensarten die Heiligen betreffend sind auch nur in sehr geringer Anzahl vorhanden. Da dieselben aber bei den christlichen Nationen des Mittelalters eine grosse Rolle im täglichen Leben spielten, können wir auch bei den Provenzalen eine bedeutend grössere Anzahl von diesen Redensarten voraussetzen, als hier aufgeführt sind.

947. En luoc Sain Johan[2]). B.deB.26,14. R.G.deB.7,c.3. Azais 9. — 948. Domna, ben aic l'alberc saint Julian | quan fui ab vos dins vostre ric ostal[3]).

---

1) Das Wort »dominus« ist wohl eine durch die Geistlichkeit in den Text gebrachte gelehrte Form. Sie deutet darauf hin, dass das Sprichwort seine Heimat mehr in den Klöstern und in der Kirche als auf der Gasse hatte.

2) Sain Johan. Der Lieblingsjünger Jesu hatte wohl auch im Himmel einen guten Platz.

3) Saint Julian ist der Schutzheilige der Gastfreundschaft.

G.IX.3,14. — 949. Truep que sans Marcx ajuda mais e sans Donatz | que dieu ni dretz ni amistatz. B.Carb.94, Dkm.82. — 950. De pejor obralha que non es lo fers saint Launarz. B.deB.44,33.

Wenn die geringe Anzahl der Sprichwörter auf diesem Gebiete schon wenig kirchlichen Sinn anzeigen, so finden wir einen ferneren Beweis für diese Behauptung darin, dass die Dichter gar nicht gut auf die Geistlichkeit zu sprechen sind, und die auf dieselbe bezüglichen Sprichwörter weniger von Achtung zeugen, als vielmehr Spott und Satyre enthalten.

Stehendes Epitheton für den Mönch ist: *tonduz*, Torcafols 2, c.3; *barbuz*, Torcafols 2, c.5.

951. Ama mais batalhas e torneis | que monges patz. P.Vid.45,52. — 952. Aissi cum un confraire | noi es uns nol poscatz tondr'e raire | o ses congreuz dels quatre pes ferar. B. de B. 43,79. — cf. B.d.B.2,51 und B.de B.I.47.

In gleicher Weise unterwürfig und friedliebend wie der Mönch sind Jude, Diener, Lamm.

953. Obedient plus qe serf ni iudeu. F. de Rom. 8, Arch.33,309,c.2. — 954. Anhels me par. B.deB.45,51-52.

Einen recht satyrischen Zug finden wir in:

955. Ausels uola mal ses pluma | e pauc ual cella ab meinz d'arzos | e mal fot bisbes ses coillos. G.deBerg.4, M.G.589,c.1.

XVII. Historische Sprichwörter.

Während die volkstümlichen Sprichwörter eine moralische oder allgemeine Wahrheit enthalten, macht das historische Sprichwort Anspielungen auf den physischen oder moralischen Charakter eines Landes, einer Stadt oder deren Bewohner; oder auch es ruft uns ein bemerkenswertes Ereignis ins Gedächtnis, einen besonderen Charakter, einen berühmten Mann, einerlei welcher Art die Eigenschaft sei, der er diese Berühmtheit zu verdanken hat. Dass sich das Sprichwort auch gern der Romanen entlehnter Ereignisse fabelhafter Art bemächtigte, ist selbstverständlich. Es sind weniger eigentliche Sprichwörter als gewisse ständige Gleichnisse und sprichwörtliche Redensarten, welche hierher zu rechnen sind.

Beginnen wir mit den Anspielungen auf Völker, so sehen wir, dass die Sprache der Deutschen dieselbe Rolle bei den Provenzalen gespielt hat, welche die romanischen Sprachen, »welsche« genannt, heute bei uns vertreten, nämlich die, etwas Unverständliches zu bezeichnen; vergleiche dazu die Ausdrücke »welschen« und »spanisch vorkommen«.

---

1) Die beiden Heiligen sind hier significante Bezeichnungen für Geld und Geschenke.

956. Ieu non enten plus que selhe d'Alamanha | qui parl'ab me. P. deC.XX.20. — 957. Quant la prec, ela fai un semblan | que no m'enten plus que un Alaman. Pist.2,15. — 958. No t'enten plus d'un Toesco o Sardo o Barbari¹). R.deVaq.7, M.W.I.262,c.6.

Neben der Sprache der Deutschen ist es dann auch die der Bretonen, Griechen und Lateiner, deren Unverständlichkeit im Volke sprichwörtlich war:

959. Auc no vi Breto ni Baivier | que tan mal entendre fezes | cum fai home lag messorguier. P.Card.5, M.W.II.243. — 960. Quais quieu ai lengua bretona | que negus hom no m'enten. P.Card.29, M.W.II.226,c.5. — 961. Cascus me tenra per Breto e dira quieu chan cluzamen. B.Carb.18, c.5. — 962. Ieu l'enten mens quels grifos. G. Riq. 25, 76, M.W. IV. 246. — 963. L'auzel canton lor latis. Cerc.4, M.W.III.303. — 964. Lo dous temps d'abril | fa'ls auzelhs mutz cantar, | quascun en son lati. P.deBuss., M.W. III.278,c.1. Ferner: AmeusdelaBroqueira2,c.1. Marc.17, B.Chr.54,15. An. 145, Meyer520,31.

Die Bewohner der Bretagne finden wir auch noch in einer anderen Beziehung sprichwörtlich geworden: An ihrem in der Schlacht gefallenen König Artus hingen sie mit solcher Liebe, dass sie an dessen Tod glauben mochten und daher seine Wiederkunft stets erwarteten, welche Hoffnung sich allerdings als thöricht erwies und sie dem Gespött der Nachbarn aussetzte. Cf. Rain. de Pons 1, c. 4, Arch. 32, 412.

965. Per mercel prec quel sovenha | sil plai que ab lieys nom fos | l'esperansa dels bretos. G.Faid.16, M.G.456,c.4. — 966. Contendemen fai deBreto. G.deMont.12, M.W.III.140,c.6. — 967. Fag ai la muza del Breto. P.Vid.15,17. — 968. Er ma far lo conort del bertan. R.deVaq.25, M.G. 1078, c.3. — 969. Esperar e muzar me fai coma Breto. P.Vid.7, 61. — 970. Anc non auzi fors de breto | domen tant longa atendezo. G.Ad.2, Arch.33,456,c.2. — 971. De bona dompna cove . . . . | que nol fassa semblar breto. G.deBerg.13, M G.165,c.4. — 972. Atressim sona em reclama | cum fetz lo seus bertalais | amors e ren nom dona. G.deBorn.57, M.G.877, c.3; cf. G.deBorn.34, M.G.833,c.4 und R.d'Aur.10, M.G.320. — 973. Servirs qu'om no guazardona | et esperansa bretona | fan de senher escudier | per costum'e per usatge. B. deVent. 23,37, M.W. I. 31. — 974. Tals cuia far mantenen qe sa'sperans'o bretona²). G.de Born. 74, Arch. 33, 305, c.4. — 975. Breton lor atendre. G. de Biarn 1,c.3. — 876. Eu sec la trassa del buen Bertolai. An.124, Gröber,Ztschr.I.63,70. — 977. Me men e matrai | lo bou bertalai | qe plus noi ateing. G.deBorn.84, M.G.833,c.4; cf. R.d'Aur.10,c.2.

---

1) Wie beliebt damals die deutsche Sprache, wie das deutsche Wesen überhaupt, bei den Romanen war, mögen folgende Citate noch zeigen: La gent d'Alamaigna . . . cor mi'n fai laigna ab lor sargotar. Peire de la Caravana, M.W III. 271, c.4. Alamans trob deschauzitz e vilas e quan negus se fen d'esser cortes, ira mortals e dols et enois es, e lor parlar sembla lairar de cas. P.Vid.41,9. Letzteres Citat erinnert lebhaft an Julian (um 350 n. Chr.), der den am Rhein gehörten Gesang der Deutschen als Rabengekrächze bezeichnete (Misopogon. II. 56). Vgl. auch Chanson des Saxons II. 38, Auberi ed. Tobler 23 Z. 4 und Gautier Epop. fr. III¹243.

2) Dass diese Redensart ein Verbum »bretonar« erzeugen konnte, deutet auf ihre grosse Popularität hin.

Die historischen sprichwörtlichen Redensarten bezüglich der Eigennamen sind wohl zahlreicher gewesen, als wir aus den wenigen Überresten, die uns vorliegen, schliessen können.

Die aus 4 Brüdern bestehende Familie der Algais finden wir ihrer Räubereien wegen sprichwörtlich geworden.

978. Us tengues us dels Algais | en lega lo terz d'un dia. Ebles d'Uisel 3,6. — 979. Ges en la companha Martin d'Algai | hom pietz non trai. Uc de S.C., Diez.L.u.W.415. — 980. Vol gerra mais plus que non fetz uns dels Algais. B.de B.2,53. — 981. Dieu prec que trachors... abais aissi com fes los Algais. P.Card.48.21. — 982. Fetz tals tres tracios | que no feira iudas ni guaynelos. P.Card.65, M.G.764,c.1.

Wie der Volksmund uns diejenigen, die durch ihre Schlechtigkeit eine traurige Berühmtheit erlangt haben, als abschreckendes Beispiel vorhält, so hat er auch den Guten ein Denkmal gesetzt zur Anfeuerung und Nachahmung für die Nachwelt.

Als Bild der Tapferkeit, wird Roland namentlich erwähnt.

983. Tan fortz cum Rotlans. Brev.29050. — 984. Valra darmas Rolan. Lo vesques de Clarmont 1,9, Arch.34,414. — 985. Ual armas Rotlan. Guigo 1,c.5, M.G.355. — 986. A sufert plus cus Rolanz. G.Raim.3,c.1, Arch.34, 413. — 987. Eu no m'apel Olivier ni Rothlan. G.d'Apchier 3, M.W.III.276. — 988. A cor ab mais d'ardimen qu'Alixandres, Olivier ni Rotlan. Serveri 3, M.W. III. 320,c.7. Cf. B. de Born. 30, 21; Rostaing, B.de Mars.6,41; B. Carb.17,c.3; Paves, Arch 34,408; A.de Malaspina, M.W.III.182,c.6.

Was die Freigebigkeit für eine bedeutende Rolle spielte, haben wir schon oben gesehen. So heben denn auch die Loblieder auf die Helden der Zeit, sowie die Klagegesänge auf ihren Tod keinen Zug der Gepriesenen mehr hervor als die mit Reichtum verbundene Milde und Freigebigkeit, doch finden wir dieser Eigenschaft wegen nur drei Personen sprichwörtlich geworden: Alexander, Karl und Artus.

989. Alixandres lo reys que venquet Daire | no cre que tan dones ni tan messes | ni anc Charles ni Artus tan valgues. F. Faid.22, c.2, M.W.II. 93. — 990. Per dar conquis Alexandres roais ,... e per donar conquis Carles Baivieira. P.delaMula2, Arch.34,192. — 991. Anc non fon tan larcs segon mon parer | Alexandres de maujar ni d'aver | ni ges d'armas Galvains plus non valia ! ni non saup tan Yvan de cortezia | nis mes Tristans d'amor en tan d'assai. A.dePeg.10, M W.II.168. Cf. G.Fabrel,c.4; An.239, F.184,4.

Man hat das Leben des Cavaliers in Herrendienst, Frauendienst und Gottesdienst eingetheilt, daher werden wir uns nicht wundern, wenn auch diejenigen, welche am treuesten verliebt waren, einen Platz in der Erinnerung des Volkes gefunden haben. Und dass der Frauendienst nicht der unwichtigste der drei war, sehen wir aus der grossen Anzahl der auf die Liebe bezüglichen Sprichwörter als auch aus den vielen hier uns aufbewahrten Namen treu Verliebter, die teils glücklichen, gewöhnlich aber unglücklichen Liebesverhältnissen entnommen sind.

Aus der Bibel finden wir die folgenden Bilder von Liebe und Treue bei den Provenzalen zu Hause:

992. L'am mais per saint Raphael | que Jacobs no fetz Rachel. P. Vid.14,49. — 992a. Ieus am mais que no fetz Sarra Abram. B.Zorgi,Lévy 3,120. — 993. Vos dezir plus que deus cil d'Edoma. A.Dan., Chr.137,26. — 994. Am lejal e fizel | e just plus que deus Abel. P.Vid.14,29.

Der antiken Sage entlehnte Gleichnisse der Treue sind:

995. Ieu am la miels e may no fes priamus tibe. Gr.deS.5, M.G.946, c.4. — 996. L'am mais que Tusbe non amet Piramus. R.deVaq.2, M.W.I. 365,c.5. Cf. Rofian1,c.5, M.G.954. — 997. Eu sui plus fis | qu'elena paris. G.deBorn.28,c 2, M.G.949 Cf. A.Dan.16, M.G.427,28; R.Jordan8,c.6; Lamb. deB.7, Arch.33,451. — 998. Anc non amet hero tant Leandier. R.Jord. 8, c.6. — 999. Anc apoloine de tir mels amar no pogra. An.5, M.G.282. — 1000. Anc Narcissus qu'amet l'ombra de se, ' si be s mori, no fo plus fols de me. Peirols21, M.W.II.16,c.3. — 1001. Aissim perdei cum perdet se lo bels Narcissus en la fon. B.deVent. Cf. G.lo Ros7, M.W.172,c.3.

Aus den Romanen der Zeit selbst sind die folgenden Gleichnisse:

1002. Plus vos am senes enjan | non fes Yseut son bon amic Tristan. F deMars.13,42. — 1003. Mais vos am ses bausia | non fetz Tristanz s'amin. P.deC.VI.42. — 1004. Fis amans li sui trop meillz non fo d'Iseut Tristans. P.deC.XXIII,14. — 1005. Ainch no amet tan Tristans Ysolt la bella ... F.deRom.2, Arch.34,426,c.3. — 1006. Non feiric ab son cairel tristan nizoi plus formen ... B.Zorgi 2, M.G.308,c.4. Cf. R.deMir.45, M.G.1122,c.4; B. deVent.44, Chr.63,29. — 1007. Tan vos sui ferms e leials | qe Tristans fo vers Ysout fals | e vers Blanchaflor Floris ac cor galiador. P. de C. 9, 135. — 1008. Pus que floris ab blancaflor suy eu amans ... G.Evesques 1,c.3. — 1009. Sapciatz canc plus coralmen non amet floris blanciflors... F.deRom.3,c.3. Cf. B.deDia5, M.W.I.88; R.deVaq.23, Arch.35,413,c.6. — 1010. Anc Andrieus de Paris, Floris, Tristans ni Amelis | no foron d'amor tan fis. Peirols6,c.17. — 1011. Si tan gen muri Andrieus non amet miels en son cor qu'ieu ... El.deBarj. 6, M.W.III,c.4. — 1012. Amadaus ay mays candrieus la reyna. R.deVaq.25, M.G.1078,c.4. Cf. G.Faid.17, M.G. 495,c.5; Ugo de Pena 1,c.3; Jord.deCofolen1,c.6,M.G.211; R.deVaq.16,; R. dePrad.3,c.1; R.Jord.13,c.4; An.144. — 1013. Vos am mais Landrics no fes N'Aja. P.deMars.4, Lévy pg.18,3. — 1014. Am vos mais que Landrics no fes Aja. P.d.C XV.42. — 1015. Ieu serai de bon celar e pus fis, si dieus m'ampar, que no fo Landricx a Naja. P.R.deTol.3, M.W.1.,134. — 1016. Ieu l'am mais no fetz auda rotlan. G.deS.1, M.G.1185,c.2. — 1017. Vos am mais non fetz Seguis Valensa. B.deDia., Chr.71,10. — 1018. Ieu am mais que non amet valens guis de nantuelh la pieusel ayglentina. R. deVaq.25, M.G.1078,c.2. — 1019. Erex non amet herida tan ni Yseutz tristan. An.92. — 1020. Anc non amet plus d'un uen cel de Monclar n'Audierna. A.Dan.10, M.W.II.73,3. — 1021. Eu lam mais qu'aimiers non fetz son oncle. B.Zorgi4, M.G.573,c.6 — 1022. Aissi 'l serai fis, ses falsa entresenha, | cum fo'l leos a N' Golfier de las Tors¹). G. Faid.15, M.W. II. 103,c.5.

---

1) Jener Kreuzfahrer hatte einen Löwen von einer Schlange umwunden angetroffen und ihn befreit. Der Löwe folgte seinem Retter von nun an auf Schritt und Tritt und soll ihm sogar ins Meer nachgesprungen sein, als er das Heilige Land verliess.

Als Bild der höchsten Weisheit hat Salomo dem Volke vorgeschwebt.

1023. Sen de Salomo. Matfreß, Azais134,c 2; An.154; Pist.3, M.W.III.193,c.2. — 1024. Saber de Salamo. B.Zorgi 15,c.7, Lévy2,60. — 1025. Sen feing salomos. Gll.Raimon3,c.2, Arch.34,413; UcB.3. — 1026. Ai sen de Cato. Bern.de laFon., P.O.395,c.4 ; Peire del Poi., Dkm.135,2. — 1027. Lombart de sen. G.Faid.51, Arch.33,454,c.6. — 1028. La beutatz d'Ansalon. B.Zorgi, Lévy2,59.

Während bei unserem Volke heute Methusalems Alter sprichwörtlich ist, war es bei den Provenzalen Enochs:

1029. S'ieu vivia tan cum Enocs. G.Ad.1. M.W.III.188,15. — 1030. Visques tan cum Helias et Enoc. Aug.Nov.2, M.W.III.178,c.2.

Ein sündiger Mensch wurde, wie bei uns, mit dem Namen Adam bezeichnet:

1031. Adam cujon contrafar. B.deB.27,39.

Nachtrag.

Während vorstehende Abhandlung im Drucke fast fertig gestellt war, erschien in den Romanischen Forschungen Bd. III. eine Arbeit von B. Peretz in Göttingen, die denselben Gegenstand behandelt, nämlich: »**Altprovenzalische Sprichwörter mit einem kurzen Hinblick auf den mhd. Freidank**«.

Wenn auch die Arbeit von Peretz und die unsere, nur nach dem Titel beurteilt, fast identisch zu sein scheinen, so ergänzen sie sich doch gegenseitig so vielfach, dass ein nachträglicher Blick auf die erstere hier angezeigt erscheint.

Fasst man das Verzeichnis der benutzten Quellen ins Auge, so sieht man, dass der Verfasser keinen Unterschied zwischen lyrischen und epischen Stoffen gemacht, sondern die näher liegenden Werke beider Gattungen als Grundlage für seine Arbeit gewählt hat. Hiermit tritt sogleich das unsere Arbeit ergänzende Material zu Tage, nämlich die Sprichwörter aus manchen provenzalischen Epen, die unsere Arbeit ja fast gar nicht berücksichtigt hat. So finden wir im Verzeichnis der benutzten Quellen: Aneliers, guerra de Pamplona (Ed. Michel), Flamenca (ed. v. P. Meyer), Guerre contre les Albigeois (ed. v. P. Meyer). Freilich sind auch hier noch immer Lücken geblieben, wir wollen nur an den Girartz de Rossilho erinnern, der, wenn auch öfters citiert, doch nicht im Original dem Verfasser als Quelle gedient zu haben scheint. Ein zweites ergänzendes Moment für unsere Arbeit ist wohl in der Behandlung der nachklassischen lyrischen Producte zu suchen, die, wie die Epen, für unsere Arbeit nicht direkt ausgebeutet worden sind, sondern nur eine sporadische sekundäre Benutzung erfahren haben.

Was die abweichende Ansicht über die sogenannten gelehrten Sprichwörter, die Peretz ausgeschlossen sehen möchte, anbelangt, so ist unsere Auffassung bereits in der Abhandlung durch hinlängliche Gründe unterstützt worden. Peretz selbst verfährt hierin nicht consequent genug, indem er Sprichwörter wie z. B. 16 (ab la una ma lavon l'autra), 23, 92, 176, 276 etc. in die Sammlung aufgenommen hat.

Bei den nun folgenden nachzutragenden Sprichwörtern ist die Anordnung so getroffen, dass erstens die Sprichwörter, die einer unserer Gruppen leicht subsummierbar sind, deren Nummern erhalten haben, zweitens die übrigen mit Nr. 1032 u. ff. bezeichnet werden*).

1a. El ric s'irais mentre l'amoros dansa. B.G.335,24. — 3a. C'amors faill meillors meillorar. B.G.392,23. — 3b. Res non es, amors non ensein. Flam. 4340. — 3c. Pueis dizon tug quant hom fai falhimen | Bem par d'aquest, qu'en donas no enten. B.G.406,24. — 11a. Ar ai ben d'amor apres cum sap de son dart ferir. P. Card. 3. — 11b. D'amor son gran poder. M.W.4, 210. — 11c. Amors non a seinor ni par. Flam. 3722. — 31a. Qui ama desena. B.G.323,4. — 31b. Mais lai on amors tiral fren | E bos conseils e volentatz | Revens tot sens una foldatz. Flam. 5265. — 68a. Mas en amor non a hom senhoratge. B.G.70,42. — 68b. Amor non gara sagramen. Chr.'260,18. — 68c. Cals es est reprovers | Que cel que mais vos ama vos deu estre esquerriers. Albig. 6894. — 68d. Quis tol repaus amor si tol. Flam. 1530. — 68e. Car trop tarzar en dompney es folia. B.G.225,9. — 68f. . . . trop alongiers | Esveilla falses lausengiers. Flam.5004. — 68g. Plus que non pot ses aiga viurel peis | No pot esser ses lauzengiers domneis. P.Vid.S. 84. — 85a. Cel quel lauza ta folor | Vol que la tassas maior. Leys III.272. — 91a Al gran besonh ve hom qui es ami. G. de Ross., Hofm.4233. — 91b. Prosperitatz aperelia tost amicz, aversitatz los proa tost. L.R.4,660. — 91c. A la cuinda pod hom probar | Amis de boca senz amar. Giornale di f.r.1,38. — 97a. Car sai eu ben per ver certanement | Qu'om mort ni pres n'a amic ni parent. B.G. 420,2. — 98a. Le mal que fas te met al bas. Leys III. 306. — 112a. Que car deu comprar qui car ven. B. G. 323,5. — 117a. De gran forfait gran venjansa. B.G.10,14. — 117b. C'om renda mal segon la forfaitura | E ben per ben. G.Fig., Lévy 65,59. — 118a. Car qui fai deleial obra | Segon c'a servit o cobra. B.G.335,27. — 146a. Volpilla es aigla que voutor pren. B.G. 466,28. — 152a. De mals grans | Non pot issir mais bos pans B.G.457,38. — 153a. Qui no vol autre honrar | No vol esser honratz Chr.'305,11. — 155a. Mas de mal frug mala sabor. B.G. 323,1. — 163a. De malvatz arbre non pot issir | Mais malvatz fruhs. L.R.2,112. — 163b. Qui petit semena petit met. L.R.4,214. — 163c. Qui bon fruyt vol avar | Bon arbre deu plantar. Heyse, Rom. Ined.S. 13. — 166a. Quar li enfanz de lur parenz | Aprenon toz lur nuirimenz. S.Agnes, Sardou139. — 174a. A tals vassals, tal senhor. B.G.10,32. — 174b. Aytal salsa, aytal pebrada. L.R.4,473. — 184a. Meliers chauza es donars que penres. L.R.2,358. — 184b. Tals tolh que deuria donar. B.G.372,5. — 204a. Si dos promes est tost datz | Si meseis dobla e sos gratz. Flam.1669. — 204b. Qui trop fai son don atendre | No sap donar ni doin a vendre. Flam.1667. — 204c. Be sabetz que segon razo | Lo dons trop atendutz se ven. G.Fig., Lévy 48,35. — 204d. Car s'us dons non sec tot promessa Non es mais angoissa de pessa. Flam. 1665. —

---

*) Der Hauptsache nach musste ich mich beschränken die Stellen, so wie sie Peretz giebt, wiederzugeben, da mir die Literatur gegenwärtig nicht zur Hand ist, doch hat Herr Prof. Stengel die Güte gehabt eine Anzahl anstössige Citate zu controlieren und zu berichtigen.

215a. La letra aucis, e l'esperit vivifia. L.R.4,55. — 215b. Merces dis eisamen | De gran tort, gran perdonansa. L.R.4,516. — 245a. Ben vei e sai e crei qu'es vers | Qu'amors engraiss'e magrezis. B.G.323,15. — 258a. Quar long servirs ab merces vens | Lai on ne val forsa ni genhs. B.G.155,23. — 258b. Per que bon cor val mais | Que forsa en totz assais. B.G.70,39. — 273a. Ayzina fay pecar | Et avers follejar. Leys 3,272,152. — 273b. Mal' aizina fa peccar. Brev.34153. — 273c. Mals nais de mal' aizina. Brev.31408. — 327a. Mas so ditz hom | Qu'avols es quis recre. B.G.356,5. — 340a. Qui ben vol comenzar bons fait, si li deu acabar car lo pretz li remaigna. Giornale d.f.r.1,38. — 340b. Re no pren comensar, si non a bona fi. Heyse, Rom.Incd.17. — 350a. De cortezia es leus | Lo dirs e tener greus. Brev.32236. — 352a. A l'obra conois hom l'obrier. Brev. ?. — 358a. Nu al mon venen e nu nos en retornen. R.2,104. — 361a. Cuidars es vanitatz | E paubreza vergonha, e vergonha bontatz. Alb.6591. — 367b. Fortuna er alcuna veguada als us, et autra veguada als autres. L.R.4,351. — 368a. Car avers leu va e leu ven. D.de Prad., Stickney 251. — 378a. Qui geta laz si peura en lui. L.R.4,4. — 378b. Qui fai fossa contra son vizi, chaira en lei. L.R.3, 347. — 378c Qui met peira contra son vizi, si nafrara en lei. L.R.4,530. — 403a. Vilas quant en gran ricors pueia, l'avers lo fai folleiar. B.G.80,27. — 409a. Pois cascun s'encoreilha | Del autrui joi e s'esmaia. B.G.70,7. — 418a. Tos temps sec joi ir'e dolors | e tos temps ira jois e bes. B.deVent.22. — 460a. Qui avan non garda areyre cai. Leys 3,272. — 460b. Qui non garda de long, mal a de pres. G.deRoss, Hofm.4727. — 477a. Trop car compra qui espera. L.R.3,171. — 496a. Tals cuia be | Aver filh de sespoza | Que no y a re | Plus que selh de Toloza. P.Card.52*). — 496b. Tal semena ben e gen son blat qui nol maixona. B.G.242,77. — 496c. Tals cuia lo pa trobar fah | quel fromens es el cam. L.R.3,401. — 525a. Trop es de greu occazio | qui penna contra l'agulho. Leys 3,270. — 539a. Suavet se castia qui per autre se castia. L.R.1,354. — 544a. E pent s'om tart, pois quant a pres lo dan. G.Fig., Lévy 64,24. — 545a. Car tos temps ai auzit dire | que batres non tol fol consire. Flam.1285. — 547a. Mas com ditz lo proverbis, tart se son perseü | Qu'els an claus lor estable el cavals son perdu. Albig.1534. — 550a. Pero d'un fat coratge | No s pot partir us rics pessatz. B.G.242,51. — 550b. Fol presen, fol messatge. Milá 410 Anm. — 554a. Mas costum'es tostemps que folhs foleya. B.G.70,42. — 563a. Cascun enaisi | Troba gens de son bas | Car greu veiretz amas | Far de fols ab senatz. M.W.4,160. — 563b. El mon non a neguna creatura | No trueb sa par. B.G.234,9. — 563c. Quascus auzels quier sa par. L.R.2,245. — 563d. Cascuna bestia ama son semblan. L.R.2,215. — 563e. Qu'ieu vey say e lay | Cascun auzel ab son par | Domnegar. B.G.

---

*) Von Peretz ganz falsch gedeutet (S.428). Vgl. M.v.Mont. ed. Klein 9,10: »Enoja me ... marritz qu'ama trop sa sposa Neus s era domna de Tolosa«. Levy (Literaturbl. 1886) leugnet zwar, dass diese Stelle mit 496a und der Erzählung der Cento-Novelle von dem Toulousaner Arzt, dem die Nichte des Erzbischofs bereits zwei Monate nach der Heirath ein Kind gebar, zusammenhänge. Er meint: »Der Zusammenhang lehrt, dass die hier erwähnte domna de Tolosa gerade als der Liebe des Gatten in hohem Grade würdig anzusehen ist«. Ich übersetze aber: »Widerlich ist mir ... der Ehemann, der in seine Frau zu arg verliebt ist, wäre sie auch eine Toulousanerin [wie die bekannte des Arztes]«.
E. Stengel.

133,3. — 563f. Com quecs ab sa par s'aizi. B.G.30,9. — 564a. Car li sen e li joc | An lur temp e lur loc. A. de Mar., M.W. I, 178. — 566a. Qu'en tal luec vos valra foldatz | On sens nous poiria valer. B.G. 256,7. — 574a. Qui ve gran maleza faire | De maldir no se deu traire. B.G. 335, 45. — 574b. Contra menzonga sun fait de veritat. Chr.⁴ 6,29. — 578a. De fol home fai enemic | Quel castia de son destric. Dkm. S. 206. — 582a. Totz hom que so blasma que deu lauzar | Lauz'atressi aco que deu blasmar. — 582b. Per quem par folhs qui cre | Sel qui de mal ditz be. — 582c Seguon escrich troban e declarat Paux an lo sen de cognoyscer lo mal. Joyas 2,94. — 587a. Tals cujas autrui galiar | Que si mezeis lass' e repren. B.G.372,5. — 594a. Que mantas ves s mais de sen | Le repres que aquel que repren. M.G. 1235. — 597a. Malvaz pastor ha en aital | Qu'a sos obs noz, ad autres val. Flam. 1097. — 598a. Qil seu no pod cobrar mal cobrera Spaigna. Giornale 1,38. — 599a. Lo mal el ben aprenga | El mielhs gart e retenga. M.W. 1,177. — 606a. Car cecs e pecs an tal maneira | Que negus non garda on feira. Chr.⁴ 182,35. — 624a. Quar tezaurs estoratz no val charbo. G. de Ross., Hofm. 8453. — 645a. Que trop parlars | Fai pieg que peccatz criminaus. B.G.389,18. — 652a. E ges ades non deu hom dire ver | Soven val mais mentirs et escondires. B.G.30,9. — 652b. Mais val belha fadia | Q'us dos dezavinens. B.G.30,20. — 652c. Val mais paraula grossamen dicha | Que messonja polidamens escricha. L.R.4,591. — 674a. Car trop tarzar en dompney es folia. B.G.225,9. — 674b. Car trop son trop aissi o trop. D. de Prad., Stickney 374. — 676a. Qu'auzit ai dir e sai qu'es vers | Que trop aizes e trop lezers | Adus amor mais c'autra res. Flam.1824. — 687a. Am mais retener qu'esperar. Arch.34,187. — 690a. Cobeitatz vos engana | Qu'a vostras berbitz tondetz trop de lana. B.G.217,2. — 692a. Qu'ades on mais a plus quier. M.de M., Philipson 24,35. — 705a. Pero d'aitan me conort | Que anc d'ergueil be non pres | Az ome per c'a mal port. B.G.319,6. — 753a. Sempre pesca qui una pren. Flam.7334 — 754a. E fora dreitz, qu'avol eissemple moc. P.Vid.S.83. — 760a. Qui avols es eu caza | Avols es on ques vaza. Leys 3,272. — 761a. Proverbis es comus: A la mager necessitat deu hom primieyramens accorre. L.R. 4,308. — 767a. Qui non pot mordre pessuga. B.G.174,8. — 769a. Car forsa paihs le prat. Albig. I,506. — 769b. Forsa vens justizia. G.deRoss., Hofm.8223. — 797a. L'habit no fa pas bon religios. L.R.3,523. — 799a. Tal menassa c'a paor. L.R. 4,192. — 799c. Tals cuia esser cortes entiers | Qu'es vilans dels quatre ladriers. B.G. 389,5. — 800a. Tals a lo semblant effanti | Quel sens es de Trebellia. P.Card.53. — 809a. Com lo proverbis ditz: Non es tot bel so que pro te. L.R.4,649. — *Zu* 816 *vgl.*: Ben es fols quil be ve el mal pren. P.deC..ed v.Nap.1,32 *und*: Qui per be mal pren...Saber pot, qu'assatz a de ques plaigna. id.4,5. — 825a. Tri de dos mals lo menor. Albig. 2493. — 844a. Qu'ieu ai vist comensada tor | D'una sola peira bastir. B.G.242,51. — 866a. Qui no fay can poyria | Can far vol se fadia. Leys 2,272. — 866b. Qui pert son temps de son pro far Ges can se vol nol pot cobrar. Dkm. 199,19. — 886a. Pero fai fol qi non s'en plaing | Al mege qi lo pot guarir. P.d.C.109,42. — 911a. Car de guerra ven tart pro et tost dan. B.G.10,15. — 911b. Prop a guerra qui l'a en mieg son sol. L.R.4,654. — 911c. Prop al guerra qui l'a al mieich del sol | E pus prop l'a qui l'a sotz son coissi. L.R.1,435. — 915a. Quant hom es en autrui poder | No pot totz sos talans complir. B.G.364,39. — *Zu* 916 *Anm.*: Tan trona entro que plou (Leys 3,372). *Man wird vor jedem Ereignis erst hinlänglich vorher gewarnt.* — *Zu* 921 *vgl.*: Si col proverbi despon: Ja not fizar ni en clerge ni en lairon. B.G.385,9. — 943a. Ni anc ses Dieu fi ni comensamen. G. Fig., Lévy 50,5. — 943b. Ni ja nulhs hom s'ilh estiers bes capte | Per gen tener ab dieu nos dezave. B.G. 225,4.

1032. Tartarassa ni voutor | No sent plus leu carn puden... P.Card. 55. — 1033. Los bes d'amor venon a tart | El mals ven quasqun dia. P.Card.11. — 1034. Que per un gaug nan ben cent marrimens. B.G.386,2. — 1035. Quascus sab son afar. B.G.372,5. — 1036. Et hom sol dir: dolent celui | Que castia si et altrui. Giorn.dif.r.I.37. — 1037. Car cel que l'autrui serca per pendrels autruis bes | Mais li valdria mort o que ja no nasques. Albig. 3542. — 1038. El pendutz es fora de consiriers. B.G.97,3. — 1039. Aspra paraula escomov forceneria. L.R.4,279. — 1040. Membres ti qu'asatz quier qui s complaing. B.G.323,13. — 1041. Laissem lo boc en la corda. L.R.2,230. - 1042. Cosel... queret deu chi vos pot coseler. R.II.139. — 1043. Lai on hom sab cosseilh, que lai lo quera. G. de Ross., Hofm. 3026. — 1044. Bon conseil sembla espeil. D. de Prad., Stickney 1345. — 1045. Qu'en desconort | Aconsec hom assas per temps. Flam.4103. — Meyns an fe l'onfant quels peiros. B.G.71,1. — 1047. Entre mal e be | No haurem frachura. Leys 3,140. — 1048. Ben sap far paisser erba vert, | Femna quel marit incrima. B.G.323,1. — 1049. Honestaz es e cortezia | Pensar tal ren qe bona sia. Giornale I,38. — 1050. So ditz lo reprouerbi e demostra la leitz: | Cui mal fis no t'i fis... Alb.5410. — 1051. Sobre totz colz gen fols pesc*). Arch.33,435. — 1052. Car qui sovent sa rauba trossa | Jamais non cuyllera mossa. L.R.4,273. — 1053. Pueis no sap en qual part fuga | Selh qui del fuec es guastaz. B.G.293,18. — 1054. Qui ben s'acusa nis repen. Gloss. occit. 228. — 1055. Ma pauc val aquel honor que tost ven a chavon. Nobla leyczon, hrg. von Mätzner 203. — 1056. Juoc de mas engenra bregas. L.R.4,140. — 1057. Honestat non porta costaller. L.R.3,537. — 1058. Hom ditz quel lops en la faula. Leys 3,270. — 1059. El repropiers dis: Sit m'asautas**)|Non es tot em pelz ni en gautas. Flam.8075. — 1060. Ja nuls hom pres no dira sa razo. B.G.420,2. — 1061. Que riquessa ni sens ni cortezia Que sia el mon, nous pot de mort defendre. B.G.167,14. — 1062. Ieu non dic ges c'om en estanh | Non puesca maracde pauzar. L.R.4,155. — 1063. Mas so qu'es a venir no pot hom pas mudar. Albig. 2481. — 1064. Que d'aquel colp morig dont diss la reprover | Que non pod om fugir adayso que dios quer . . . . Aneliers Guerra 4458. — 1065. Cascuna creatura | S'alegra per natura. L.B.2,244. — 1066. De tal en sai que pisson a presen, | Et, al beure, recondos dins maizo. L.R.4, 545. — 1067. Qui a obs foc ab det lo quer. L.R.3,30. — 1068. Quar li huelh son drogoman | Del cor. G.Fig., Levy 61,28. — 1069. Cre far Pasca o Nadal | Quant son XX dinz son ostal. R.5,104. — 1070. Ses bo mot pauc val la mostra. L.R.4,274. — 1071. Segon lo peccat penedensa. L.R. 4,489. — 1072. Pensar deu hom qe pensar pens | Don posca avenir qalqe bens. Giornale I,38. — 1073. Que razo es e costumier | Que sel que pert se

---

*) = Peretz 158. Unverständlich. Die Hs. bietet richtig: »E quis vol corn crit e flaug D'amor pos ieu cresc Sobre totz, calsqu'en fol pesc«.
**) so Meyer in den Corrections am Schluss, also nicht das sinnlose mazautas, unter dem Peretz 212 die Stelle alphabetisch eingereiht hat. Meyer hat im Glossar asautar noch mit assaillir übersetzt, es ist natürlich = »passen, gefallen«.

deu clamar | E sel quel tol, pot contrastar. G. de Berg., Keller 4,24ff. — 1074. Hyvern se ses' [o ven] areyre | Passada la festa san Peyre. Suchier, Dkm.111,520. — 1075. Qui torn'a maison non fuich. B.G.443,2. — 1076. Qui toca la pez s'en entacha. L. R. 5,367. — 1077. En brau loc fon plantada planta quel frug pejura. Milá 381. — 1078. Un belh plorar no fan quatorze ris. B.G.70,11. — 1079. De gran ven pauca plueia. Leys 3,280. — 1080. Prometres taing a bon entendedor | Et atendres a bon prometedor. B.G.74,8. — 1081. Tostemps dizon que bona jent corteza | A le scinhers cant es bons e cortes. Meyer, Derniers tr. S.55. — 1082. E tanh si be qu'ab enap | Ab qui bec lai cogos | Beva sai lo suffrenz. L R. 2,216. 1083. Per V. sols a om la pess'el pan. B.G.437,29. — 1084. Qui sol se conselha, sol se repent. L.R.2,461. — 1085. Haias mal, haias be | Ab los tieus te capte. Leys 3,278. — 1086. So ditz lo reproiers: Tolas de baratiers. L.R.2,184. — 1087. Si cobes y est del tot | Tanh se quo pagas tot. Leys 3,278. — 1088. Atressi com hom pot faire | De covers morgue tondut | Fai hom de trachor pendut. B.G.335,48. — 1089. Quar ges nulhs hom no troba ben ni gen | Si no troba so c'a lui es plazen. B.G.74,8. — 1090. Qui son vilan non aerma | En deslialtat lo ferma. B.G.80,27.

Druckfehler.

n° 70: Doas forsas — 85: major — 97: remandras — 151: avena — 185: c'aui'ajostat — 195: pretz' — 204: a'ora . . l'atardaria — 205: deleiz — 218: s'enpren — 246: Mal a — 331: qu'a — 335: quel . . . quel — 397: de geitz — 457: uenç on liausengador — 519: m'enprenc — 522: uau — 665: es perdutz — 675: Sobrelaus follesc es — 695: ochaio — 740: brui — 745: a durat — 748: can non . . . nonpoder — 756: maus s. n° 772 — 768: d'un arenc — 770: pendel — 788: La mal'abeitaritz — 804: nos son — 852: quil fa qu'es en — 857: sel temps — 922: plan del . . . el puois — 1015: a n'Aja — 1020: n'Audierna.

INDEX.*)

Aban v. 767.
abatre 309.
abeitaritz 788.
Abel 994.
Abram 922a.
abrasar, s' 884.
abricar, s' 520.
absteners 644.
acabar 321, [340.
[accorre 761.
acendre 758.
aconsegre 517, [1045.
acordansa 335.
acordar 741.
acuilhir 221.
[acusar s' 1054.
Adam 1031.
adermar 620, [1090.
adrec 669.
aduire 194, 324-5, 630, 757, 911, [676.
adurar 270.
afan 200, 67-9, 75, 728.
afar 433, 841, 46, [1035.
afeblir 175.
affolliar 587.
afilar 294, 869.
afinar 807.
afizer, s' 367.
afortimens 227.
afortir, s' 49, 303.
afranher, s' 21, 40.
afranquir 193.
agensar 328.
aglan 940.
agre 439.
aguachar 636.
aguilen 940.
[agulho 525.
agurar 140.

agurs 499.
[aigla 146.
aignel 21.
aigua, ayga 393, 508, 679, 80, 766, 803-4, 70, [68g.
aillors 496.
Aimiers 1021.
aissi 109-10.
aital 98.
[aizes 676.
aizi 271, s. ayzina.
Aja 1013-5.
ajostar 185, 284.
ajudar 188, 568.
ala 777-8.
Alamanha 956.
Alamans 957.
alargar s' 880.
albadalha 409.
alberc 948.
[alegrar, s' 1065.
Algais 978-81.
alh 940.
Alixandres 988-91.
[alongiers 68f.
aluenhar, s' 636.
amador 17, 29.
amans 13, 25, 43-44, 68, 211.
amar 15, 32-3, 56-60, 82-5, 117, 245, 57, 313, 493, 683-5, 87, 713, 871-2, 992-1021, [31a, 68c, 563d.
amarcir 379.
amars a. 272, 725.
[amas 563a.
amdui 613.
Amelis 1010.

amermar 405.
amia 45.
amics 22, 64, 70-97, 251, 446, 75, 594, 630-1, 774, [91a-c, 97.
amistatz 949.
[amoros 1.
amors 1-14, 18-31, 38-42, 46-54, 62, 65, 73, 431, 57, 676, 782, 87, 912, 91 [3a,b,31b,68a,b,d,676'.
amortir 758.
anar 18, 20, 105, 359, 70, 679-80, 83, 854, 63, 923, [368, 760.
anc 237.
ancessor 417.
ancins 451, 659.
anctos 306.
Andrieus 1010-2.
aneduelh 833.
[angoissa 204d.
angoissos 544.
anguila 833.
anhels 954.
ans 860, 61.
ansa 679.
Ansalon 1028.
anta, onta 194, 610, 742.
aondanza 634.
aorar 507.
apariar 741.
[apereliar 91b.
apilar, s' 922.
aplatar, s' 780.
apoderar 10.
Apoloine de Tir 999.
appellar 206, 854.
aprendre 287, 582, 40, 607, [166, 599.

*) Die Nachweise aus dem Nachtrag sind durch vorgesetztes [kenntlich gemacht.

apres 349, 419, 22-3.
aprezar 199.
aprobenc 906.
aprop 420-1, 24.
araire 163.
aranha 484-8.
arar 507.
arbre 148-9, 161, 678, [163a, c.
ardens 868.
ardimen 218, 96, 988.
areire 463, [460.
arena 506.
arenc 768.
argens 621, 89, 96, 795, 807, 17, 28.
armas 984-5, 91.
armatz 796.
arney 358, 434.
art, s' 373-7.
Artus 989.
arzos 955.
asaiar 330, 404, 571 s. essaiar.
[aspre 1039.
[assais 258b.
assanha 940.
assatz 649, 848, 53, [1040, 45.
astruc 862-3.
atardar 204.
ateigner 517, 688.
atendensa 434.
atendezo 970.
atendre 28, 116, 21, 200, 39, 48, 435-8, 43, 60, 64-6, 76, 79, 99, 515, 700, [204b, c, 1080.
atenduda 496.
atens 439, 80.
atertal 270.
atras 864.
aturar, s' 361.
aturs 258.
aucire 108, 231, 33-5, 784, [215.
Auda 1016.
Audierna 1020.
aulaigua 940.
aunitz 711-4, 35.
aur 71, 621, 89, 96, 802, 6, 17-9, 26, 29, s. or.
aura 424.
aurage 424.

austor 515.
aut 384-90, 93, 401-3, 10-1, 657, 88, 708, 14.
auteza 410.
autramen 263.
autre 22, 34, 324-5, 405, 95, 633, [153, 367, 589, 97.
autreiar 86, 878.
autrui 409, 533, 38-9, 84-5, 88-92, 636, 86, [409, 1036-7.
auzel 513, 683-4, 801, 955, 63-4, [563c, e.
auzelet 685.
auzir 66, 244, 508, 99, 651, 902, 18.
[avan 460.
avar 737.
avena 151. s. Druckf.
avenir 126, 252, 315, 82, 776, [1072.
aventura 367, 67a, 562, 858.
aventuros 189.
aver 21, 182, 276, 316, 58, 68, 95-6, 697-8, 703, 24, 65, 887, [273, 368, 403, 692.
[aversitatz 91b.
avinen 197, 630.
aviol 186.
avol 155, 63-4, 572, 717-9, 21-2, 54, [327, 754, 60.
ayglentina 1018.
[ayzina 273, s. aizi.
azaisar 676.
[azautar 1059.
aze 497.
aziramen 474.
azirar 53, 87.

Bada 491-4.
badalh 493.
badalha 408.
baf 939.
bai 16.
baillia 394.
baillon 413.
Baivier 959.
Baivieira 990.
baizar 501, 915.
baizars 774.

balaiar 441, 783.
balais 783.
balansa 390.
balansar 496.
[baratiers 1086.
Barbari 958.
barbutz 951.
bargaing 826.
bars, baron 219, 714, 795.
bas 384-5, 89-90, 402-3, 11, [98, 563.
basar 457, 709.
bastimens 523.
[bastir 844.
bastos 784-5.
batalh 502-3.
batalha 951.
bateiar 497.
batre 212, 525, 780-2, 85, [545.
bauzia 32.
be, ben, bes 79, 84, 98-100, 4, 13, 18-9, 21, 25, 34, 38-44, 47, 57, 96-9, 253, 64, 70, 78, 87, 316, 28, 36, 45, 65, 414-22, 25-9, 81, 557, 71, 76, 98-601, 27-8, 71, 717, 35-6, 51, 813-6, 21, 24, 52, 924, [1176, 418, 582b, 99, 705, 816, 943b, 1033, 37, 48, 72, 85.
bec de gau 940.
bel 274, 379, 423, 800, [652, 849, 1078.
belazer 784.
benanansa 95, 473.
benananz 67.
benestan 231.
benestansa 271.
[berbitz 690.
Bertalais 972, 976-7.
Bertan 968.
[besonh 91a.
[bestia 563d.
beutatz 223, 557, 1028.
bevengutz 181.
bevre 766, [1066, 82.
biais 823.
bisbes 955.
bistenza 481.
blanc 797, 874-5.
Blancaflor 1007-9.

blandir 46.
blasmar 182, 434, 577, 81, 83, 88, 703, 45, [582.
blasme 234, 39, 344, 528, 80, 673.
blasmor 852.
blat 284, 506, 807, [496b.
blos 749.
bobans 38.
bobansar 4.
[boc 1041.
boca 293, 474, 629, 634, 637, 648, [91c.
bonamen 225.
[bontatz 361.
bos 119-26, 48-9, 53, 55, 61, 63, 65-6, 71, 250, 59-62, 75, 322, 26, 39, 42-3, 49, 54, 448, 79, 571, 644, 754, 77, 801, 10, [152, 63c, 340, 797, 1049, 70, 81.
botacays 940.
boto 940.
bou, buous 514, 932.
boviers 932.
branz 301, 773.
brancha 678.
brau 40, 254, [1077.
[bregas 1056.
bresca 272.
Breto 434, 84, 884. 959, 61, 65-71.
bretona 960, 973-5.
breu 439, 500, 12, 600.
brosta 442.
brui 740.
bruire 496, 803.
brun 16, 424.
buf 939.
busc 591.

Cabaleiar 554.
cabalos 354, 750.
cabra 681-2.
cais 764.
cal 362-3.
calar 645.
calfar 373-7, 901.
calha 686.
calmeilh 507.
[cam 496c.
camiar 867a, 413, 787, 810-3, 17, 22, 38, 926.

camisa 616.
cantar 340, 470-2, 961-4, caps 175, 340, 797.
captals 74, 248, 908.
captener 571, 739, [943b, 1085.
cara 34.
cardos 289.
carestia 372.
Carles, Charles 989, 990.
carn 495, 665, [1032.
cars 111-3, 200, 76, 737, 923, [112, 477.
carta 522.
cases 538.
cassar 318, 514, 16, 695.
castanha 940.
castiar, -gar 84-5, 209, 534-7, 44-6, 78, 87, 89, 747, 59, [539, 78, 1036.
castel 394, 849.
Cato 1026.
cau 929.
cauza 563, 82, [184.
caval 163, 765, 849, [547.
cavalguar 915, 24.
[caza 760.
cazer, chazer 281-2, 90, 384-90, 402-3, 10-1, 613, 29, 707-8, 839, [378b, 460.
[cecs 606.
cel 683-5, 87.
celan 63.
celar, selar 61-9, 95-6, 646, 879, 86.
cella 955.
celos 54, 55, 292.
cendre 446, 940.
cent 856, 59, [1034.
cera 523, 601.
cercar, sercar 316, 562, 704, 838, [1037.
cerf 21.
certas 774.
chanz 908.
[charbo 624.
charitatz 205-6.
chast 437.
chauls 206.
chausimen 207, 12, 23.
chausir 853.
[chavon 1055.

cilicis 283.
cima 391-2, 936-7.
civada 833.
clamar 527, [1073.
clar 422, 589, 834.
clardat 625, 830.
[claure 547.
claus 273.
clausa 72.
clavel 849, 940.
clergue 921, [921.
cluzamen 961.
cobeitatz 690-2, [690.
cobeitos 692, 96.
cobes 188, 690, [1087.
cobrar 600, 855, [598, 690, 866b, 1087.
cobrir 205, 527, 653, 884.
cocha 71, 91-94, 475, 637, 48.
cochadamen 368.
cochar 180, 465.
cofondre 667, 700.
cog 900.
[cogos 1082.
coillos 955.
[coissi 911c.
coitar 647.
col 677.
colps 118, 298, 338, 88 509, 773, 74.
coltellada 845.
combat 523.
combatre 498, 515.
comensa 335.
comensamens 322, 26, 37, 42, [943.
comensar 319-21, 28-32, 35, 37, 39-40, 44, 80, 425, 58, 60, 775, 844, [340, 844.
cometre 310.
compaigna 827.
companhar 563.
companhier 882.
companhos 73, 93, 610.
[complaigner 1040.
[complir 915.
comprar 110-2, 45, 737, 65, 835, [112, 477a.
coms 713, 15.
comtar 347.
comunals 22.
condugz 665.

conduire 734.
confraire 952.
conil 799.
conoissens 234.
conoisser 160, 351-2, 584, 90, 825, [352, 582c.
conort 489, 90, 574, 968.
conortar 85.
conquerir, -erre 44-5, 63, 69, 78, 260, 65, 67, 75, 79, 91, 96, 426, 35-8, 44-5, 619.
conquesta 436.
consegre 465, 516, 18.
conseill, cossel 537, 98, 604, [31b, 1042-4.
[conselhar, se 1084.
consentir 23, 345, 881-2.
consire 380, [545.
[consirieras 1038.
consiros 471.
conten 557.
contendemen 966.
contendre 396, 556.
contradir 878.
contrafar 1031.
contrast 577.
[contrastar 1073.
[convers 1088.
cor 35, 40, 82, 278, 95, 516, 608, 19, 34, 37, 717, 38, 99, 889-93, 900, [258b, 606, 1068.
coralmen 57.
coratge 64, 448, 576, 796, 890, [550.
[corda 1041.
corona 797.
corre 464, 550.
corrompables 804.
cors 82, 162, 278, 97, 390, 405, 74, 516, 50, 796, 849.
cort 72, 178, 207, 660.
cortes 431, 562, 628, 52, [799c, 1081.
cortezia 991, [350, 1049, 61.
cossirar 341, 461.
[costaller 1057.
costar 940.
costrenher 229.
costuma 753, [554.

coutel 294, 869.
covenir 456, 62, 554, 688, 867.
creatura 167-9, [563b, 1065.
creire 118, 496, 611-2, 887-8, 944, [582b.
creisser 62, 84, 214, 21, 89, 356, 405, 630, 40, 902, [1051.
crema 497.
cridar 208.
[criminaus 645.
crims 588, 907.
croi 116, 165.
crotz 172.
cru 900.
cuba 832.
cubertamen 787.
cubrir 66.
cuchos 54.
cuilhir 150-6, 285, 97, 779-84, [1052.
[cuinda 91c.
cura 247.
cusso 795.
cuydar 360-1, 73-8, 82, 412, 529-30, 40, 85, 96, 643, 762, 877, [361, 496a, c, 794c.

Daire 989.
Damas 924.
dampnatie 241.
dan, dant 240, 251, 360, 524, 544, 623, 705, 35, 45, 830-2, 40-2, 85, 945, [544, 911a.
[dansar 1.
dar 138, 661, 912, 90, [204.
[dart 11.
dat, daz 786-8, 920, 940.
daurar 827.
dechazer 213, 19, 28, 38, 328, 37, 97, 775.
defendre 23, 515, [1061.
deissendre s. dis-.
[deleial 118.
deleitz 205.
demandador 394.
demandar 198, 200, 414.
demor 82.
demostrar 96, 594.

deniers, diniers 370, 687, 940.
dens 293, 764, 895-9.
dereir 915.
[desavenir 652b, 943b.
descargar 194.
deschauzida 590.
deschauzimens 572.
descobrir 592.
desconoissens 4, 690.
desconoissenza 225.
[desconort 1045.
desenan 239.
desenansar 239.
[desenar 31a.
deseritar 715.
desertz 505, 7.
desesperar 431-3.
[deslialtatz 1090.
desliar 147.
desmentir 641-2, 752, 893.
desmezura 660-1, 756, 914.
desmezurar 662.
desonors 742.
desonrar 714.
despendre 31, 182, 88, 369, 654, 64, 855-6.
desponre 627.
dessazonar 666.
destorbar 483, 867.
destricx 96, 802, [578.
destriguar 50.
destruire 212, 26, 38.
desviar 256.
[det 1067.
dever 130-6, 40, 207, 11, 20-3, 33, 59, 96, 304, 33, 35, 43, 47, 71, 98, 433, 46, 72, 600.
devezir 601.
dezirar 47, 277, 993.
dia 334, 81, 452, 527a, 633, 41, 855, 61-2, [1033.
dictar 354.
dictator 348.
dieus 101-2, 120, 234-5, 74, 302, 4, 45, 415-6, 98, 648, 718, 833, 941-5, 49, 93-5, [943, 1064.
digz, diz, 335, 49-50, 565.

dir 292, 319, 96, 558, 99, 646, 52-5, 939, [350, 652a, c, 1060.
disciplina 533.
discordia 910.
dissendre 382, 93, 98-9, 406, 708.
doblar 221, [204.
doble 198.
doblier 920.
doctor 582.
doctrina 533.
dol 88, 175, 86-7, 285, 408-9, 891, 94.
[dolent 1036.
dolor 380, 418, 730, 896-8, [418.
doloyros 729.
domerc 832.
dominus 946.
domna 6-8, 235, 333-4, 501, [3c.
domneiar 563e.
domneis 5, [68e, g, 674.
donador 195.
donar 177-88, 92, 99, 236, 76, 98, 333, 35, 415, 57, 68, 521, 98, 604, 25, 826, 43, 989-90, [184a, b, 204b.
Donatz 189, 949.
donz 77.
doptar 748, 940.
doptos 263, 342.
dorca 832.
dorcx 679, 80, 832.
dormir 285, 91, 93, 501, 724, 903.
dos (zahlw.) 36, 70, 575, 729; (subst.) 135-7, 95-204, 80, 835, 40-2, [204b, d, 652b.
dous 424, 631, 927.
doussor 489.
drapa 808-9, 35.
drechura 207, 348.
dreitamen 667.
dreitz 23, 150, 208, 10, 627, 769, 71, 847, 79, 949.
[drogoman 1068.
drutz 53, 54, 117.
duc 713.
duptansa 223, 674.

durar 334, 806.
durs 281, 513, 23.

Edoma 993.
efant 87-8, 165-6, 578, [160, 1046.
[efanti 800.
eguet 21.
[eissemple 754.
eissir 161-5, 70, 224, 441, 96, [152, 63.
Elena 997.
emblar 771.
emendar 457.
enan 74, 462.
enans 75.
enantimen 77.
enantir 858.
[enap 1082.
encaussar 515.
encolpar 182, 588, 747, 880.
[encoreillar, s' 409.
enemicx 75-6, 95-6, 631, [578.
engal 11, 14, 76.
engan, enjan 86, 773, 775.
enganar 690, [690.
engenrar 274, [1056.
engombrer 640.
engraisser 245, [245.
Enocs 1029-30.
enoios 917.
enprendre 218, 460, 519.
enquerre 414, 548.
enrequir 233, 430.
ensegnar 84, 594-7, [3b.
ensems 930.
ensenhatz 287, 691.
[entachar, s' 1076.
entensio 482-3.
[entendedor 1080.
entendens 749.
entendensa 332.
entendre 583, 956-61, [3c.
entendut 626.
entens 566.
entremesclar 731.
envazidor 366.
enveja 485, 698, 913.
envejos 692.
envelhir 253.

[erba 1048.
Erecx 1019.
eretiers 370.
ereza 374.
erguelh 457, 85, 698, 705-10, 913, 705.
eritar 738.
erransa 846.
escantir 883.
escarnir 529.
escars 189—92.
escaudat 541-2.
eschazer 41, 114, 370, 461, 605.
escobrir 102.
[escomover 1039.
[escondire 652.
esconduda 883.
escorguar 513, 760.
escremir 338.
escriptura 207, 35.
escrire 876, [652c.
escur 367, 422, 834.
esdevenir 299.
esduire 803.
esfortz 217, 26, 60-3, 75, 455.
esgauzir 278, 635.
esguard 379.
esmansa 381.
esmayar 41, 238, 307-8, 95, [409.
esmendar 854.
espandre 150, 504, 7.
espaven 280.
espaventar 303, 424.
[espeil 1044.
esper 430, 78, 867.
esperanza 426, 76, 965, 73.
esperar 98, 118, 427-9, 40, 56, 77, 94, 504-5, 11, 867, 969, [477, 687.
[esperit 215.
esperon 300-1.
espics 5, 600.
espiga 441.
espina 289.
[espoza 496.
esprovatz 95.
[esqueriers 68c.
esquius 243.
essaiar 308-9, 657, 799.

esser 168, 664.
[estable 547.
estaing, estanh 806, 17, 19, 26-9, [1062.
estaignar 827.
estanc 817.
estar 330, 65.
estiu 285, 86.
[estoratz 624.
estort 263, 838.
estraire 114, 328, 30.
estranh 94.
estuiar 637.
[esveillar 68 f.
etatz 862.
eyssamens 108.

Fabregar 524.
fach, fagz, faits 120, 55, 320-3, 35, 41, 43, 47, 49-58, 458-60, 767, 99b, [340, 866.
fadia 311-3, [652b.
faillensa 673, 749, 75.
faillida 743.
fais 677.
faissonar 188.
falhimen 207, 539, 84, 750, 882, [3c.
falhir 60, 93-4, 102, 223, 474, 536, 39, 95, 691, 744-51, 55, 835, 67.
fallizo 434.
fals 117-8, 62, 367, 690, 1007.
falsia 800.
fama 84, 799b.
famolent 272.
fams 272, 767.
far 79, 82, 115, 347-8, 575, 89, 633, 814, 40-2, 64-7, 74-5, 99, 919, [496c, 866, 1050.
farina 512, 26.
fatz 570-1, [550.
[faula 1058.
fauta 849.
fazedor 348.
fazenda 483.
fel 254, 573, 797, 935.
femna 622, 776, [1048.
fen 820.
fenimen 322, 345.

fenir 328, 36, 38, 43-4, 905.
fer 118, 524-5, 849.
[fermar 1090.
ferms 73, 1007.
ferir 264, 81, 309, 509, 11, 20, 606, 777-9, 81, [11, 606.
fes 38, 777, [1046.
[festa 1074.
fetge 935.
feunia 232.
fi, fin, fis 35, 148-9, 211, 23, 335-43, 59, 906, 1010, 22, [340b, 943.
fia 940.
fianza 196.
fil 487-8.
filhs 164, 72, 76, 738, 99, [496.
filla 919.
fizar, se 493, 609, 921, [921, 1050.
flac 292, 99.
flairar 160.
flamma 758, 883.
florida 752.
Floris 1007-10.
flors 160, 379, 440, 752.
focs, fuocs, fuecx 105, 446, 884, 901, [1053, 67.
folatura 562.
foldatz, foudatz 28-31, 180, 273, 518, 27, 48, 58, 64, 66, 68, 623, 702, 85, 914, [31b, 566.
foleiar 554, 64, 69, 831, [273, 403, 554.
folesca 675.
folhatge 531, 548, 647.
folhatz 806.
folia 257, 549-50, 59, 67, 862, 69, [68e, 674.
folor 85, 559, 826, 913, [85.
fols 256, 308, 61, 87, 451, 66-7, 91-2, 99-504, 16, 21-2, 26-30, 34-6, 43-51, 54-8, 62, 65, 71, 77, 80-1, 99, 604-12, 22, 35-7, 43-6, 49, 62, 701-2, 47, 821, 71, 86, 88, 1000, [550b, 54, 63, 78, 82b, 816, 86.

fons 389.
for, a. f. 390, 665.
[forfaitura 117b.
forfaitz 209, [117a.
formiga 284.
forsa 70, 615, 768-9, 890, [258, 769a, b.
forsar 9, 11.
fort 913-4, 83.
[fortuna 367.
fosc 442.
fossa 613, [378b.
fot 955.
fozil 294.
fraigner 386, 678, 752.
fraire 877.
[frairis 152.
fraitura 659, [1048.
francs 190, 94, 96, 207.
Fransa 692.
[fre 31b.
freich 524-5.
frevolitz 249.
fromen 507, 603, 807 [496c.
fromir 775.
fruchier 160.
frug, fruit 152, 55-63, 245, 355, 79, 440, 504-5, 624, 66, 78, 88, [155, 63a, c, 1077.
fuelh 155, 522, 820.
fugir 858, [1053, 64, 75.
fums 105, 359, 98.
fuzil 869.

Gaiada 845.
galiador 713, 1007.
[galiar 587.
Galvains 991.
gandir 193, 885.
garar 272, [68b.
gardar 22, 77, 102, 82, 388, 458-60, 75, 539, 93, 99, 648, 59-60, 746, [460.
garnimens 795.
gatge 647.
gau 940.
gaugz 1, 96, 154, 470, 623, [1034.
[gauta 1059.
gazaignaire 224.

gazaignar 39, 43, 53, 132, 84, 265, 370-2, 412, 28, 664, 89, 706, 851.
gazaing, gazanh 268, 369, 587.
geinh, gienh 356, 615, 776, 890, [258.
geitz 397.
gens, a. 114, 221, 58, 571, 628-30, 706, [1089.
gens, s. 9, 14, 351-2, [563, 1081.
gerra, guerra 190-4, 911, [911a-c.
gerreiar 49-50, 141.
getar 152, 439, 505-6, [378.
gilos s. celos.
glan 940.
glesa 207.
glot 801.
Golfier de las Tors 1022.
gonfanon 874.
gota 281-2.
gra, gran 5, 13, 441, 501, 600, 2, 930-1.
granar 152.
grant, gran 13, 201, 17, 27, 617, 32, 846-7, [215b, 599, 606, 1079; ganre 650.
grapaut 940.
gratar 681-2, 900.
graz 48, 69, 202, 4, 46, 49, 457, 501, [204.
grazir 136, 343.
grevar 237.
grey 537.
grieus 35, 103, 238, 67, 91, 95, 97, 332, 418, 31, 77, 561, 676, 758, 863, 83, [350, 525, 63a.
grifos 962.
grils 293.
gris 359.
gronir 401.
[grossamen 652c.
grua 683-5, 925.
guaire 296, 507, 715.
guan 940.
guaran 24.
[guarir 886.
[guastar 1053.

Guaynelos 982.
guers 560.
guiar 119, 608, 13.
guirensa 445.
Guis de Nantuelh 1018.
guiza 172, 662.
guizardonador 250.
gnizardonar 42, 133, 36, 250.
guizardos 114-30, 37, 223, 42-3, 48.

[Habit 797.
Helias 1030.
Herida 1019.
Hero 998.
[honestatz 1049, 57.
honors 198, 216, 83, 335, 46, 89, 444, 628, 719, [1055.
honorar 159, 82, 247, 457-8, 567, 731, 35-6, [153.
honransa 153.
huel, huils, huoill, oill, uoill 34, 589-93, 611, 12, 890-93, 922, 1068.
huey 619.
Huget 4.
huis 636.
humiliar 209, 706.
humilitat 708-9.
humilmen 40, 79.

Ier 619.
iffern 389.
[incrimar 1048.
intrar 293.
ira 52, 53, 206, 571, [418.
irais 466-67, [1.
iratz 51, 446, 68-70.
Iseut 1004 s. Yseut.
issitz 170 s. eissir.
iverns, yverns 285-6, [1074.

Jacobs 992.
jais 277, 571, s. jois.
jardi 163.
jase 857.
jauzimen 151, 427.
jauzir 47, 54, 67, 256, 75, 370, 457, 731-3.

jazer 681-2.
jelos 292, s. celos.
joc 850, [564, 1056.
joel 495, juelh 603, 833.
jogaire 597.
joguar 597, 700.
Johan 947.
joi 8, 41, 62-3, 223, 49, 75, 77, 315, 24, 80, 418, 57, 68, 76, 78, 80, 732-4, [409, 18.
jornada 864.
jornal 132.
jorns 132, 497, 635, 717, 834, 56-60.
jovent 286-7.
joves 285, 99, 567, 716, 59.
Judas 982.
judeu, juzeu 574, 940, 953.
jugemen 185.
Julian 948.
jurar 647-8.
[justizia 769b.
jutgar 99, 147, 215, 342, 791-3.

Labor 353.
lacrimas 333.
[ladriers 799c.
lai, s. 582, 921.
lai a. 114, 589, 833, 79.
laire 770-1, 877, 80, [921.
laissar 88, 101, 331-2, 85, 549, 58, 622, 76, 738, 66, 816, 18-9, 23-4, 30, 33, 937, [1041.
[lana 690.
Landrics 1013-15.
langueisser 288.
languir 733.
lansar 390, 688.
lanza 300-1.
laorar 416, 777.
larcs 188, 90-2, 991.
larguetat 265.
[lassar 487.
lati 963, 964.
latz 35.
Launarz 950.
laus 675.
lausengador 457.

[lausengiers 68f, g.
lauzar 134, 82, 295, 338, 43, 81, 673-4, 946, [85, 582.
lauzor 221, 335, 40, 44, 580-1, 852.
lavar 34.
[laz 378.
Leandier 998.
lebre 514.
lei 46, 111, 761.
leials 22, 222, 572, 93, 1007.
lenga, lengua 648, 896-9, 960.
leos, leon 799, 1022.
letra 215.
leu 201, 64, 90, 99, 317, 69, 404, 24, [350, 68, 1032.
leujairamen 339, 87, 744.
leujuria 854.
levar 362-3, 677.
lezer 497, 755, [676.
lhaupart 172.
lia 147-9.
lieyt 272.
lignatge 714.
lista 808-9.
loc, luec 126, 281, 460, 504, 64, 66-71, 650, 59, [564, 66, 1077.
loguiers 98, 879.
loing 508, 704, 902.
Lombart 1027.
long 244, 332, 427, 41, 76-8, 82-3, 500, 600, 728, [258, 460c.
lonhar, se 254-5, 344, 462.
lop 797-8, [1058.
lugor 625.
lums 868.
luzer 802.

Madur 934.
L...grezir 245.
..rs, maire 85, 196, 225, 388, 739, 99b, 901, [85, 761.
maint 215, 51, 58, 63, 83, 323, 60, 426, 30, 640, 705, 56.

mais 144, 46, 81, 88, 88, 95, 395, 496, 649, 51, 64, 68, 86, 780-1, 39, 48-51, 849-50.
mai(s)nada 173-4, 264.
maiso 290, 622, [1066, 75.
maistre, maiestres 353-4.
[maixonar 496b.
mal 51, 76, 98-101, 4, 6-7, 55, 57, 88, 208, 24, 27, 36, 46, 50, 54, 70, 74, 307, 32, 42, 70, 400, 19-21, 25, 43, 538, 43, 71, 73-75, 88, 93, 639, 48, 69-72, 736, 51, 56-7, 72, 76, 816, 21, 24, 36-9, 52, 76, 81, 99, 923, [98, 117b, 52, 55, 273b, c, 460b, 582b, c, 99, 705, 816, 25, 1033, 47, 50, 85.
malage 886.
malaire 224.
malanansa 271, 473.
malastre 261.
malastruc 362.
[maldir 574.
malditz 284.
maleg 229.
malestan 86.
[maleza 574.
maltraire 443-5.
maltrait 43.
malvatz 152, 59, 302-3, 745, [163, 597.
malvestat 577, 741.
malvolient 825.
mana 494.
[maneira 606.
manens 10, 123, 452, 718.
manentia 260, 614, 58, 719.
manjar 206, 764, 67.
mans, mas 34, 70, 364, 688, 784, [1056.
mantener 178, 81, 266, 880.
mar 505.
[maracde 1062.
Marcx 188, 949.
[marit 1048.
[marrimens 1034.
martel 525.

Martin d'Algais 979.
martir 477.
mat 292.
mati 224, 362-3.
mealha 933, 40.
mege, metje 886-7, [886.
meggar 589.
meillor, melhor 204, 72, 79, 313, 22, 810-2, 15, [3, 184.
meillurar 853, [3.
meins 397, 599, 726, 64, 68, 849-50, [1046; al m. 527a.
meitat 320, 668.
meissos 158, s. messions.
mel 601.
mela 940.
melhuramen 131.
meliana 491.
membrar 449, [1040.
membre 175.
men 654-6.
menassa 38, 310, | 799.
mendiguejar 723.
menor 221, 825.
mensonja 651, 653, [574b, 652c.
mentir 171, 336, 52, 649-50, 54-6, 74, 942, [652.
menudier 920.
menutz 632.
mercat 498.
merceiar 44-6, 135-6.
merces 22, 196, 207-16, 22-3, [258.
Mercuri 521.
merir 100.
mermansa 239.
mermar 199, 214, 30, 620.
mes 855.
mescina 208.
mesclaigna 103.
mesclar 931.
mespresar 604, 843.
mesqui, meschin 770-1.
messions 158, 511, 630.
[messatge 550b.
messorguier 959.
mestier 198.
metre 3, 172, 224, 72, 402, 97, 502-3, 21,

654, 67, 96, 756, 72,
[98, 163b, 378c.
meyssonar 236.
mezura 27, 657-60, 63.
miels 184, 99, 329, 454,
62-4, 601, 26, 729, 52,
813-5, 22-3, [599.
mieu 910.
miey 34, 667, [911b, c.
mirar 539.
mol 869.
moler v. 285; s. 621.
moli 147, 508, 923.
Monclar 1020.
monges 951, |1088.
Monpeslier 661.
mons 310, [358.
mont 393, 411, 52.
montar 401, 709.
mora 940.
[mordre 767.
morir 108, 76, 232, 41,
63, 304, 55, 468-9,
716-7, 20-1, 25, 27-31,
66, 917.
morsel 801.
mort 215, 43, 358, 547,
722-26, 33-4, 40, [97,
1037, 61.
mortal 207, 773.
[mossa 1052.
mostrar 326, 653, 752,
[1070.
mot 577, [1070.
mouniers 147.
mover 205, 365-6, 80,
804, 910, [754.
[mudar 1063.
muza 484, 91, 93, 967.
muzar 969.

[Nadal 1069.
nadar 762.
|nafrar 378c.
naisser 907, [273c, 1037.
Narcissus 1000-1.
natura 167-9, 563, 753-4,
[1065.
naturals 405.
necessitatz 761, [761.
negu 772.
nessis 527a, 582-3.
nien 351, 68, 690, 752.

niul 393.
niz 499.
noirir 224, 785.
nonpoder 748.
notz, s. 940.
novas 654.
novel 442.
nozer 100, 568, 846-7,
54, 940, [597.
[nu 358.
nualos 288-90.
[nuirimenz 166.

Obezir 49, 953.
oblidar 892, 94.
obra 26, 348, 484-6,
[118, 352.
obrar 521, 87.
obrier 352.
occaizo 695, 847, [525.
odis 205.
oigner 922.
oill, olh. s. huel.
olens 804.
Olivier 987-8.
ombra 499.
omeliar s. humiliar.
onors 719.
ops, obs, hous 89-90,
93, 447, 598, 808, 63,
[597, 1067.
or 359, s. aur.
ora 413-6.
orbs 613.
orgoils s. erguels.
ors 21.
ostal 948, [1069.
ostes 789.
ou, uou 933, 40.
ovela 798.
Ovidis 457.

Pagar 132, [1087.
pages 712.
paire 164-6, 76.
paisser 286, 526, [769,
1048.
palafrei 765.
palha, pallia 511, 602,
930-1.
pan 224, 767, 813, [152,
496c, 1038.

paniers 789-90.
pansar 288.
pantais 780.
paor 394, [799.
par 563, [11c, 563b, c,
e, f.
paratge 12, 17, 22, 739.
paraula 351-2, 355, 631,
[652c, 1039.
pareisser 104, 442, 907.
paren 90, [97, 166.
parer 232, 446, 555, 71,
75, [3c.
Paris 997.
parlar 304, 628-30, 38-
45, 61, [645.
parlaria 641.
parsonier 879, 81-2.
part 239, [1053.
partir 255, 346, 491, [550.
parven 339, 800.
|pasca 1069.
passar 331, 531.
passes 538.
[pastor 597.
patz 95, 190, 236, 796,
911, 51.
pau 710.
paubres 10-12, 22, 97,
123, 96, 250, 410, 30,
52, 748, 71.
[paubreza 361.
paubrieyra 94.
pauc 201, 18, 82, 305,
48, 66, 67a, 413, 15,
617, 25, 35, 67, 69,
83, 763, 846-8, 53,
[582c, 1055, 70, 79.
[pauzar 1062.
[pebrada 174b.
peccar 527, [273.
peccat 229-30, 50, [645,
1071.
[pecs 606.
peing 142.
peintura 494.
peira, peyre 281-2, 521,
23, 844, 85, [378c, 844.
[Peire, S. 1074.
[peiros 1046.
[peis 68g.
peitz, piegz 225, 44,
330, 97, 734, 825, 36,
88, [645.

pejor 279, 727, 803, 37.
pejurar 853, [1077.
pel 495, 513, 90, 92, [1059.
pelar 873, 925.
pena 151, 389, 839, 79.
penchenar 579.
pendre 770-1, [1038, 88.
penedensa 547, [1071.
[pennar 525.
pensar 143, [1049, 72.
perditz 515.
perdon 207, 44, 57.
perdonamen 220.
[perdonansa 215b.
perdonar 43, 87, 215, 36, 304.
perdre 34, 124, 76, 85, 202, 87, 43, 51, 53, 306, 71-2, 94, 96, 412, 17, 65, 78, 80-2, 97, 507, 650, 65, 89, 94, 700, 6, 18, 848-51, 1001, [547, 866b, 1073.
perezos 284.
perigolar 714.
perir 333.
persona 604.
pertuis 636.
pesan 928.
pescar 317, [753, 1051.
[pessa 204d, 1083.
pessatz 357, 918, [550.
pesseiar 386.
[pessugar 767.
petit 13, 414, 16, 648, 84, 93, 764, 843, 46, [163b.
[pez 1076.
pimens 927.
Piramus 996.
[pissar 1066.
Piza 111.
plagner 509-10, [816, 86.
plagz 3, 155, 867, 79.
plaideiar 141, 210.
[planta 1077.
[plantar 163c, 1077.
plasen 651, [1089.
plazer 154, 325, 407, 68, 605, 731.
plevensa 434.
pliu 610, 47.

ploia, plueia 423, 805, [1079.
plom 807, 17-8, 928, 40.
plombar 786.
plorar 333, 472, 893, [1078.
plors 38¹, 418.
plou 290, 916, [916.
pluma 955.
plus 395, 98, 755.
pobles 946.
poder 8, 15, 25, 448, 73, 618, 748, 865-6, [11b, 866, 915.
poderos 404.
poges 940.
poiar, pujar 283, 382-5, 89, 93, 98-9, 406, 11, 708-9, [403.
poignar 681, 905.
poing 683-5, 87, 940.
polhe 686.
[polidamens 652c.
poma 940.
pon 844.
[port 705.
portar 283, 355, 58, 493, 588, 624-5, 797, 908, 38.
prat 873, [769.
precx 38, 334.
preiar 45, 211, 648.
premiers 531, 94.
prendre 106-7, 46, 82-7, 239, 50, 98, 311-3, 18, 60, 78, 437, 99, 515, 43-4, 57, 618, 85, 759, 63, 801, 19, 21, 24, 82, 36, 43, 932, [146, 84, 378, 753, 816, 1087.
preon 105.
[pres, adv. 460b, 1060; e. 97.
presen 550b, 1066.
pretz 3, 145, 53, 77, 79, 94, 221, 23, 65, 69, 97, 328, 31, 38, 46, 49-50, 56, 86-7, 444, 87, 737-8, 40-2, 855-6, 902, 40, [340.
prezar 181, 95, 298, 528, 99, 688, 726, 94, 940.
prezic 600.
Priamus 995-6.
[primieyramen 761.

privatz 190, 821.
pro, pron 76, 97, 199, 245, 62, 364, 461, 524, 99, 623, 92, 713, 843, [809, 66b, 911a.
proar 275, 435, 61, 565, 791, 94, [91 b, c.
proeza 266.
profieg 599.
[promessa 204d.
[prometedor 1080.
prometre 647, [1080.
prop 922, [911b, c.
pros 288, 303, 436, 67, 528, 72, 80, 619, 721-2.
[prosperitatz 91b.
pru 900.
pruna 940.
puden 1032.
puei 496.
punir 100-1.
pura 512.

Quecs 627, [563f.
querer 27, 115, 18, 83, 95-9, 271, 80, 314-5, 519, 22, [563c, 692, 1040, 42-3, 64, 67.
quiers 523.

Raba 940.
Rachel 992.
rainaut 832.
rams 232, 779-81.
rascas 579.
[rauba 1052.
raynart 172, 376.
razitz 161-2, 273, 391-2, 936-7.
razonar 627, 69.
razos 22, 100, 50, 88, 212-5, 319, 590, 618, 32, 42, [1060.
receber 845.
recobrar 856-7.
[recondre 1066.
reconoisser 274, 349-50, 531.
recre 327-9, [327.
recrezut 817.
reculhir 157.
refranher 736.
reis 207, 65, 660, 711-2.
[religios 797.

remaner 97, 679, 775, [340.
remazuda 496.
rendre 114, 20, 22, 27, [117b.
renhar 564, 776.
renoviers 696.
repaus 273, [68d.
[repentir 1054, 84.
reprendre 555, 82, 85, 93, 95, [587, 94.
reprovier 224.
reptar 548.
rescondre 102, 4, 624, 800, 68.
respeg 275.
respondre 559.
respos 628, 30, 32.
ressemblar 169.
ressida 903.
resso 254, 706.
retener 356, 598-9, [599, 687.
[retornar 358.
retraire 65, 155, 70, 646, 921.
[revers 81b.
revertir 144, 67-8.
revit 920.
riba 762.
ricors 17-22, 742, [403.
rics 11, 12, 22, 123-4, 37, 57, 79-80, 90, 99, 221, 24, 302, 410, 36, 616, 19, 716-8, 48, 70, [1, 550.
riquessa 8, [1061.
rire 635, 802.
[ris 1078.
Roais 990.
riu 870.
roc 292.
rossi 163, 771.
Rotland 983-8, 1016.
rozier 160.
rusca de vern 940.

Saber 62, 349-50, 56, 507, 29, 51, 59, 71, 616-9, 25, 58, 909, 43, 1024, [1035.
sabor 7, 272, 379, [155.
sabors 197, 628.
sadol 272.

sageta 771.
[sagramen 68b.
sal a. 143.
sal s. 665, 940.
salhir 462-3, 511.
Salomos 1023-5.
[salsa 174b.
salutz 802.
salvamen 429.
salvar 81, 302.
salvatge 407, 23, 89-90.
sanc 171.
Sansa 4.
sap 552.
Sardo 958.
Sarra 992a.
sarralha 686.
sauc 929.
sauca 938.
savais 299.
savis 337-8, 426, 49, 51, 60-2, 66, 527, 40, 54, 56, 71, 86, 605, 20, 22, 35-7.
sazo 243, 51, 301, 408, 17, 26, 82, 623, 42, 53.
scat 461, s. eschazer.
sciensa 693.
se s. 686.
sebelitz 711.
secors 887.
secreta 909.
segre 31, 345, 477, 518, 51, 623, 95, 831, 62, [204d, 418.
Seguis 1017.
segurs 224.
sei s. 766.
seignoratge 255, [68.
seignoria 240, 52].
seinhorieu 253.
selar = celar.
sembeli 869.
semblan 225, 707, 55, 91-3, 99, 801, 27, 900, [800.
semblar 795, 98, [1044.
semenar 150-8, 507, [163b, 496b.
semensa 150, 52, 59, 504-5.
[sempre 753.
sems 249.
senatz 530, 37, [563.

senher 37, 122-5, 30, 73-4, 91-4, 222, 54, 750, 848, [11c, 174, 1081.
sens 25-31, 55, 254, 517, 53, 59, 64, 66-9, 607, 14, 19-24, 58-9, 67, 718, 854, 1023, 25-7, [81b, 564, 66, 82c, 94, 800, 1061.
sentir 160, 592, 896, [1032.
ser s 497, 834, 56.
sercar s. cercar.
serf 246.
sermo 600.
serpen 797.
serratz 716.
sers 833.
servidor 130, 222.
servir 37-42, 45, 116, 18, 21-3, 25, 27-32, 210, 25, 42-4, 48, 50-2, 58-9, 75, 973, [118, 258.
servizes 133, 249.
set 496.
sieu 78, 185, 93, 226-39, 574, [598.
signe 796.
similla 919.
sireisa 704.
siriers 704.
sirven 888.
sivals 845.
soanur 16.
soau 635, 803.
sobrar 109, 446, 720.
sobras 641.
sobrelaus 675.
sobretarjar 201.
sobriers 566.
soc 938.
socorre 286.
sofracha 638.
sofranher 93-4, 248, 664.
sojornar 288, 97.
sol v. 297, 868, 757.
solaz 482, 734.
soleis 620.
sols, a. 269, 940, [1084; s. (Sonne) 520; (Sou) 687, [1083; (Boden) 911 b, c.
sonalh 502, 503.

sons 499.
sordeiar 210.
sordeior 822-3, 35.
sort 439.
sorzitz 496.
sospirar 651.
sostenir 677.
soterrar 716.
sotraiz 404.
soudada 491.
soven 281-2, 90, 426, 74, 515, 800, 6, 94, 96, 911, [1052.
sovenir 296, 893.
[Spaigna 598.
spirar 8.
[suavet 539, s. souu.
suenh 335.
sufrir, sofrir 43-4, 48, 51, 67-9, 269, 76, 446-57, 727, [1082.

Taing 30, 66, 68, 127-9, 31, 33, 37, 432, 502, 31, 39, 605, [1080, 82, 87.
talan 25-6, 769, [915.
tart 318, 45, [544, 911, 1033.
[tartarassa 1032.
tarzar 202-3, 78, [68c, 674.
tebe 541.
tebeza 541.
temensa 59, 304.
temer 56-7, 60-1, 306, 10, 402, 541-3, 46, 940.
temeros 58.
temers 276, 305.
temps 103, 253, 74, 345, 59, 417, 22, 863, 67-8, [564, 866b, 1045.
tempramen 667.
tenebros 868.
tener 30, 76, 94, 103, 224, 36, 44, 79, 320, 61, 498, 500, 55, 82, 99, 637, 62, 85-6, 93-4, 718, 45, 68, 885, 89, 90, 941, [350, 943b.
tensar 338, 913.
tenso 205.

terra 291, 738, 944.
tertre 9-6.
tertz 370.
test 442.
testa 553.
thezor 889, [624.
Tibe, 'l usbe 995-6.
tieu 910, [1085.
[tirar 31b.
tirinca 833.
tocar 869, [1076.
Toesco 958.
[Toloza 496.
tolre 192, 242, 513, 911-2, [68d, 184b, 545, 1073, 86.
ton 760.
tondre 760, 873, 951, [690, 1088.
tor 71, [844.
tornar 192, 368, 92, 446, 577, 753, 820, 64, [1075.
torneis 951.
tort 43, 46, 115, 215, 28, 457, 537. [215b.
tost 204, 610, [911.
tostemps 24, 324, 450, 77, 550, 651, 71, 97, 729, [418.
tot 9, 14, 694, 876-7, [1087.
trabustire 921.
truchors 981, [1088.
tracio 794, 982.
traidor 593.
trainar 277.
traire 195, 340, 463, 508, 602, 870, 922, 79, [574.
traitar, se 320.
trau 590-2.
traucar 281-2.
tray 65.
trazir 790.
trebailiar 95, 249, 88.
trebal 94, 265-6, 72.
[Trebelliá 800.
trefas 774.
trefueill 522.
tres 909.
triar 312, 598, 601, 825, 35, [825.
trichar 225.
trigar, se 284.

Tristan 991, 1002-7, 19.
trobar 79, 139, 207-9, 11, 22, 71, 312, 14-5, 17, 763, [496c, 568a, b, 674b, 1089.
troja 498.
tronar 805, 916, [916.
trop 202-4, 51-2, 97, 306, 99-400, 2, 76, 79, 529, 610, 38-43, 67, 69-74, 76, 93, 705, [204b, 645, 74, 76, 90.
tros 940.
[trossar 1052.
tuso 622.

Ufana 652.
umbra 830.
un, una 36, 324-5, 59, 405-7, 575, 649, 729, 55-7, 60, 72, 840-2, 44, 55-7, 59-62, [367, 1084.
uoill s. huel.
us s. 754.
usanza 330.
usar 863.
usatge 546, 745.

Vaire 359.
valedor 80.
Valensa 1017.
valer 2, 5, 6, 8, 28, 72, 78, 80, 100, 44, 46, 78, 97, 201, 3-4, 10, 12, 19, 43, 59, 75, 77, 300-1, 5, 23, 37, 57, 97, 469, 73, 565-6, 614-5, 21, 44-5, 48-50, 58, 66, 89, 704, 11-2, 14-6, 19-20, 33, 43, 45, 74, 806, 12, 58-61, 940, [258, 566, 97, 624, 52, 1037.
valor 179, 98, 254, 625, 726, 69, 808.
vaneza 274.
[vanitatz 361.
vassals 437, [174.
vavassor 713.
vedel gras 207.
[veguada 367.

velay 921.
venal 593.
vencedor 216, 417.
vendre 110-13, 42, [112, 204b, c.
venir 123, 25, 40, 58, 249, 53, 70, 344, 49, 68, 70, 81, 414, 19, 29, 40, 548, 610, 38-9, 71, 762, 863, 67, 85, [358, 67-8, 1033, 63.
[venjansa 117.
venjatz 576.
venser 9, 49, 109, 216-9, 27, 61, 63-4, 319, 27, 417-8, 50-7, 72-3, 627, [258, 769b.
vensezo 417.
vent 393, [1079.
ventar 424.
verais 340, 642, 740.
vere 833.
vergonha 304, 718, [361.
vergonhos 196.
[veritat 574b.
vermelh 874-5.
vers a. 565, 627, 56, [652.

vers s. 646.
vert 934, [1048.
vertadiers 84.
vertatz 649-52, 55.
vertutz 555.
ves, vetz 323, 60, 527, 68, 611, 53, 74, 809.
vesprar 381.
vestimen 797.
veta 771.
vezer 66, 160, 219, 35, 44, 387, 586, 89, 90-1, 606, 12, 704, 11, 51, 868, 85, 91-4, [816.
vezi 4, 224, [378b, c.
vezinat 72.
vi, vin 224.
via 31, 63, 89, 103, 826, 430, 500, 51.
viandu 272.
viatz 204, 368.
vida 387, 725-6, 33, 42, 906.
vidoira 722.
viels 285, 87, 759.
vierga, verga 87, 782.
vilana 562.
vilanage 424.

vilas 163, 271, 562, 652, [403, 799c, 1091.
vilor (comparat.) 286.
vinha 289.
virar 890, 94, 97-9.
viutat 372.
[vivifiar 215.
vivre 336, 468-9, 532, 715, 28, 905, 45, 1029-30, [68g.
vius 243, 720-1, 23.
vol 88, 507.
volar 683-4, 955.
volatge 295.
voler 36, 106, 86-7, 213, 475, 578, 697, 701, 865-6, [866.
volontiers 652.
volpil 293, 799, [146.
volps 704.
voluntatz 323, 702, 97, [31b.
voutor 513, [146a, 1032.

Ydria 832.
Yseut, Ysolt 1002-7, 1019.
Yvan 991.